HENRIK IBSEN

# *Maison de poupée*

suivi de

# *Les Revenants*

PRÉFACE DE JEAN COCTEAU

TRADUCTION DE MORITZ PROZOR

W0345594

LE LIVRE DE POCHE

© *Librairie Académique Perrin, pour la traduction 1961.*
Tous droits de traduction, de reproduction et d'adaptation réservés pour tous pays.

# A CHEVAL SUR LE RÉEL ET LE RÊVE.

IBSEN. Il est difficile de tenir entre nos mains cette neige sombre et comme éclairée par le soleil noir de la mélancolie de Dürer.

Un schizophrène habite tous les artistes. Beaucoup en éprouvent de la honte et le cachent. D'autres ne sont que sa main-d'œuvre. D'autres collaborent avec lui.

Sans ce fou mêlé à nos ténèbres intimes, une œuvre de poète ne serait rien.

Chez Ibsen, la permanence d'un tel fantôme ressemble à cette fausse nuit nordique où baignent les pièces de Strinberg.

L'admirable d'Ibsen, c'est la force avec laquelle il brave l'hôte inconnu. Il lui oppose la sagesse du psychologue et les pointes de la satire. Peer Gynt résume ce travail d'alchimiste et lorsque Peer devient le cocher du lit de mort de sa mère, l'intelligence *(la grande ennemie des poètes)* cède la place aux miracles du cœur. Le schizophrène et le dramaturge réussissent l'équilibre merveilleux qui ne semble plus venir d'un homme célèbre mais être l'expression anonyme d'une époque et d'une patrie.

C'est l'extrême pointe où *le* style domine *un* style particulier et rejoint les phénomènes et les énigmes de la nature.

*Les Revenants, Maison de Poupée, La Comédie de l'amour*. Par ces trois contrastes débute un long cortège, véritable avant-garde du *réalisme irréel* qui sera un jour le signe de notre siècle.

JEAN COCTEAU.

9 octobre 1960.

# MAISON DE POUPÉE

*Drame en trois actes*

TRADUCTION DE M. PROZOR

*MAISON DE POUPÉE*
d'Henrik Ibsen

Représentée pour la première fois
sur la scène du *Vaudeville,* le 28 avril 1894.

| | |
|---|---|
| NORA ..................... | Mme Réjane |
| MADAME LINDE ............ | Mme Thomsen |
| HELMER .................. | M. Candé |
| KROGSTAD ................ | Henry Mayer |
| DOCTEUR RANK ............ | Lérand |

*Le programme n'indique pas les autres acteurs.*

*La pièce fut jouée vingt-deux fois de suite.*

## PERSONNAGES

HELMER, *avocat.*
NORA, *sa femme.*
LE DOCTEUR RANK.
MADAME LINDE.
KROGSTAD, *avocat.*
LES TROIS PETITS ENFANTS *d'Helmer.*
ANNE-MARIE, *bonne d'enfants chez les Helmer.*
HÉLÈNE, *bonne chez les Helmer.*
Un commissionnaire.

*L'action se passe chez Helmer.*

# ACTE PREMIER

## LE DÉCOR

Une chambre meublée avec confort et bon goût, mais sans luxe. Dans le fond à droite la porte de l'antichambre. Dans le fond à gauche celle du cabinet de travail de Helmer. Entre ces deux portes un piano. Du côté gauche de la scène une porte et plus en avant une fenêtre. Près de la fenêtre une table ronde, un fauteuil et un canapé. Du côté droit de la scène, un peu en arrière, une chaise à bascule. Entre la cheminée et la porte une petite table. Des gravures sur les murs. Une étagère garnie de porcelaines et d'autres objets d'art. Une petite armoire remplie de livres richement reliés. Le plancher est couvert d'un tapis. Feu dans la cheminée. Journée d'hiver.

On entend le bruit d'une sonnette dans l'antichambre; un instant après la porte s'ouvre. Nora fait son entrée en fredonnant gaiement. Elle est en chapeau et en manteau et porte plusieurs paquets qu'elle dépose sur la table à droite. Elle laisse ouverte la porte de l'antichambre, où l'on voit un commissionnaire, qui porte un arbre de Noël et un panier. Il les remet à la bonne qui a ouvert la porte.

NORA

Cache bien l'arbre de Noël, Hélène. Il ne faut pas que les enfants le voient avant ce soir quand il sera garni. (*Au commissionnaire, en sortant son porte-monnaie.*) Combien?

LE COMMISSIONNAIRE

Cinquante centimes.

NORA

Voici une couronne. C'est bien, le reste est pour vous.

Le commissionnaire salue et sort. Nora ferme la porte. Elle continue à sourire gaiement en ôtant son chapeau et son manteau.

NORA. Elle sort de sa poche un cornet de pralines, en mange deux ou trois, puis s'avance sur la pointe des pieds et écoute à la porte de la chambre de son mari.

Ah! il est chez lui.

HELMER *de sa chambre*

C'est l'alouette qui gazouille?

NORA

Oui!

HELMER

C'est l'écureuil qui remue?

NORA

Oui!

HELMER

Quand l'écureuil est-il rentré?

NORA

A l'instant. (*Elle remet le sac de bonbons dans sa poche et s'essuie la bouche.*) Viens ici, Torvald, voir ce que j'ai acheté.

HELMER

Ne me dérange pas. (*Peu après il ouvre la porte et, la plume à la main, jette un coup d'œil dans la chambre.*) Acheté, tu dis? Tout cela? Le petit étourneau a-t-il de nouveau trouvé moyen de dépenser tant d'argent?

NORA

Mais oui, Torvald, cette année nous pouvons bien faire un peu plus de dépenses. C'est le premier Noël où nous ne soyons pas forcés d'économiser.

HELMER

Oui... mais nous ne devons pas être prodigues.

NORA

Si, Torvald, un peu, un tout petit peu, n'est-ce pas? Maintenant que tu toucheras un gros traitement et que tu gagneras beaucoup, beaucoup d'argent.

HELMER

Oui, à partir de la nouvelle année; encore s'écoulera-t-il un trimestre avant que je touche quoi que ce soit.

NORA

Qu'est-ce que cela fait? En attendant nous pouvons emprunter.

HELMER

Nora! (*Il s'approche d'elle et lui tire l'oreille en badinant.*) Toujours cette légèreté. Admets que j'emprunte aujourd'hui mille couronnes, que tu les dépenses pendant les fêtes de Noël, que la veille du nouvel an il me tombe une tuile sur la tête et que...

NORA, lui mettant la main sur la bouche.

Tais-toi; ne parle pas ainsi.

HELMER

Admets pourtant que cela arrive... alors?

NORA

Si pareille chose arrivait... cela me serait vraiment bien égal d'avoir des dettes ou non.

HELMER

Et les gens qui m'auraient prêté l'argent?

NORA

Ces gens-là? Qui est-ce qui pense à eux? Ce sont des étrangers.

HELMER

Nora, Nora, tu es une vraie femme... Sérieusement, Nora, tu connais mes idées à ce sujet. Pas de dettes; jamais d'emprunts. Il s'introduit une sorte d'esclavage, quelque chose de laid dans toute maison fondée sur des dettes et des emprunts. Nous avons tous les deux tenu bon jusqu'à présent et nous continuerons à le faire durant le peu de temps d'épreuves qui nous reste.

NORA, se rapprochant de la cheminée.

C'est bien; comme tu voudras, Torvald.

HELMER, la suivant.

Allons, allons, l'alouette ne doit pas traîner l'aile. Quoi? Ne voilà-t-il pas le petit écureuil qui boude. (*Il ouvre son porte-monnaie.*) Nora, que crois-tu que j'aie là-dedans?

NORA, se retournant vivement.

De l'argent.

HELMER

Tiens. (*Il lui tend quelques billets.*) Mon Dieu! Je comprends qu'il y ait beaucoup de dépenses dans un ménage aux environs de Noël.

NORA, comptant.

Dix, vingt, trente, quarante. Merci, Torvald. J'irai loin avec cela.

HELMER

Hé! il le faudra bien.

NORA

Je n'y manquerai pas, tu peux y compter. Mais viens ici. Je vais te montrer tout ce que j'ai acheté, et si bon marché! Tiens, voici de nouveaux habits pour Yvar et un sabre. Voici un cheval avec une trompette pour Bob et une poupée avec un lit pour Emmy. Tout ce qu'il y a de plus ordinaire; elle les abîme si vite. Et voici des tabliers et des étoffes pour les bonnes. La vieille Anne-Marie devrait avoir bien plus que cela.

HELMER

Et ce paquet-là, que contient-il?

NORA, poussant un petit cri.

Non, Torvald, tu ne verras cela que ce soir.

HELMER

Bien, bien. Mais, dis-moi, petite gaspilleuse, qu'est-ce qui te plairait à toi-même?

NORA

Bah! Est-ce que je me soucie de quelque chose, moi?

HELMER

Je le croirais volontiers. Dis-moi quelque chose de raisonnable qui te tente.

NORA

Eh bien, je ne sais vraiment pas! Ou plutôt, écoute, Torvald...

HELMER

Voyons.

NORA, jouant avec les boutons de son veston sans le regarder.

Si tu voulais me donner quelque chose tu pourrais...

HELMER

Voyons.

NORA, d'un trait.

Tu pourrais me donner de l'argent, Torvald. Oh! rien qu'une petite somme, ce dont tu peux disposer; un de ces jours je m'achèterais quelque chose avec cela.

HELMER

Mais, Nora...

NORA

Oh! que oui! tu feras cela, cher Torvald. Je t'en supplie. Je suspendrai l'argent à l'arbre dans une belle enveloppe de papier doré. Ne sera-ce pas drôle?

HELMER

Comment s'appelle l'oiseau qui gaspille sans cesse?

NORA

Oui, oui. un étourneau, je sais bien. Mais fais

comme je te le dis, Torvald; cela me donnera le temps de réfléchir à quelque chose d'utile. N'est-ce pas raisonnable, dis?

HELMER, souriant.

Oui, si tu savais employer l'argent que je te donne, et vraiment acheter quelque chose, mais il disparaît dans le ménage et passe à mille riens; après quoi, je dois encore débourser.

NORA

Vraiment, Torvald...

HELMER

C'est positif, ma chère petite Nora. (*Il lui entoure la taille.*) L'étourneau est gentil, mais il lui faut tant d'argent. C'est incroyable ce qu'il en coûte à un homme de posséder un étourneau.

NORA

Fi! comment peux-tu dire cela? J'épargne vraiment autant que je peux.

HELMER

Oh! pour cela oui. Autant que tu peux, mais tu ne peux pas du tout.

NORA, fredonnant et souriant gaiement.

Si tu savais seulement, Torvald, combien nous autres, alouettes et écureuils, nous avons de dépenses!

HELMER

Tu es une singulière petite personne. Absolument comme ton père. Tu as mille ressources pour te procurer de l'argent, mais aussitôt que tu l'as, il te coule entre les doigts; tu ne sais jamais ce qu'il devient. Enfin, il faut te prendre comme tu es. C'est dans le sang. Oui, Nora, ces choses-là sont certainement héréditaires.

NORA

Je voudrais avoir hérité de bien des qualités de papa.

HELMER

Et moi je te veux absolument telle que tu es, mon alouette chérie. Mais écoute; une idée me vient : tu as aujourd'hui un air, comment dire?... un air un peu louche...

NORA

Moi?

HELMER

Oui, toi. Regarde-moi bien dans les yeux.

NORA, le regardant.

HELMER

La petite gourmande n'aurait-elle pas fait quelque escapade en ville?

NORA

Non, pourquoi dis-tu cela?

HELMER

La petite gourmande n'a vraiment pas mis le nez dans la confiserie?

NORA

Non, je t'assure, Torvald.

HELMER

Pas un soupçon de confitures?

NORA

Pas du tout.

HELMER

Pas grignoté une ou deux pralines?

NORA

Non, Torvald, je t'assure que non.

HELMER

Allons, allons, je plaisante.

NORA, s'approchant de la table à droite.

L'idée ne me viendrait pas de faire quelque chose qui te déplût. Tu peux en être bien sûr.

HELMER

Non, je le sais bien. Ne m'as-tu pas donné ta parole?... (*Il se rapproche de Nora.*) Allons, garde tes petits mystères de Noël pour toi, ma Nora chérie, ils seront démasqués ce soir quand on aura allumé l'arbre.

NORA

As-tu songé à inviter le docteur Rank à dîner?

HELMER

Non, mais c'est inutile; cela va de soi. D'ailleurs je l'inviterai tout à l'heure quand il viendra. J'ai commandé du bon vin. Nora, tu ne peux pas t'imaginer quelle fête je me fais de cette soirée.

NORA

Moi aussi. Et ce que les enfants auront de joie, Torvald!

HELMER

Ah! ça fait du bien de penser qu'on est arrivé à une situation stable, assurée, qu'on est largement pourvu. N'est-il pas vrai? C'est un grand bonheur que d'y songer.

NORA

Oh! c'est merveilleux.

HELMER

Tu te rappelles Noël dernier? Trois semaines d'avance, tu t'enfermais tous les soirs jusqu'à minuit bien passé pour confectionner des fleurs pour l'arbre de Noël et nous faire mille autres surprises... Ouf! c'est l'époque la plus ennuyeuse dont je me souvienne.

NORA

Je ne m'ennuyais pas du tout, moi.

HELMER, souriant.

Mais le résultat a été assez piteux, Nora.

NORA

Bon! tu vas me taquiner encore à ce sujet? Est-ce ma faute si le chat est entré et a tout mis en pièces?

HELMER

Mais non, ma petite Nora, ce n'est certes pas ta faute. Tu avais la meilleure volonté de nous faire plaisir à tous, c'est l'essentiel. Pourtant c'est bien bon que ces temps difficiles soient passés.

NORA

Oui; je n'en reviens pas encore.

HELMER

Maintenant je ne m'ennuierai plus tout seul et toi, tu n'auras plus besoin de tourmenter tes chers yeux et tes jolies menottes.

NORA, battant des mains.

Non, n'est-il pas vrai, Torvald? Dieu, quel bonheur! (*Elle passe son bras sous celui de son mari.*) Maintenant je vais te raconter comment j'ai pensé à nous arranger, Noël une fois passé... (*On sonne.*) On sonne. (*Elle range les fauteuils du salon.*) Quelqu'un vient. Quel ennui!

HELMER

Si c'est une visite, souviens-toi que je n'y suis pour personne.

LA BONNE, à la porte d'entrée.

Madame, une dame vous demande...

NORA

Faites entrer.

LA BONNE, à Helmer.

Le docteur est entré en même temps.

HELMER

Il est entré dans mon cabinet?

LA BONNE

Oui, monsieur.

Helmer entre dans sa chambre. La bonne fait entrer Mme Linde qui est en costume de voyage, puis elle ferme la porte.

MADAME LINDE, timidement, avec quelque hésitation.

Bonjour, Nora.

NORA, indécise.

Bonjour...

MADAME LINDE

Tu ne me reconnais pas?

NORA

En effet... je ne sais pas... mais oui, il me semble... (*S'écriant.*) Christine! C'est toi?

MADAME LINDE

Oui, c'est bien moi.

NORA

Christine! Moi, qui ne te reconnaissais pas! Mais comment l'aurais-je pu?... (*Plus bas.*) Comme tu es changée, Christine.

MADAME LINDE

C'est certain. Depuis neuf... dix longues années...

NORA

Y a-t-il vraiment si longtemps que nous ne nous sommes vues? Mais oui, c'est bien cela. Oh! ces huit dernières années, quelle époque heureuse, si tu savais! Et te voilà en ville? Tu as fait ce long voyage en plein hiver. C'est bien courageux à toi.

MADAME LINDE

Je suis arrivée avec le bateau, ce matin.

NORA

Pour passer les fêtes de Noël, naturellement.

Quelle joie! Nous allons bien nous amuser! Mais ôte donc ton manteau. Tu n'as pas froid, n'est-ce pas? (*Elle l'aide.*) Voilà; maintenant nous allons nous asseoir commodément devant la cheminée; moi, je prends la chaise à bascule, c'est ma place. (*Elle lui saisit les mains.*) Voilà que tu as repris ton ancienne figure... ce n'est qu'au premier instant... Pourtant tu as un peu pâli, Christine... et un peu maigri aussi.

MADAME LINDE

Et beaucoup, beaucoup vieilli, Nora.

NORA

Oui, un peu, un tout petit peu peut-être... mais pas beaucoup. (*Elle s'arrête tout à coup, puis d'une voix sérieuse.*) Oh! quelle folle je suis, je reste là à babiller... ma chère, ma bonne Christine, peux-tu me pardonner?

MADAME LINDE

Que veux-tu dire, Nora?

NORA, doucement.

Pauvre Christine, tu es veuve.

MADAME LINDE

Oui, depuis trois ans.

NORA

Je le savais; je l'avais lu dans les journaux. Oh! Christine, tu peux me croire, j'ai souvent pensé à t'écrire à cette époque... seulement je remettais la lettre de jour en jour et puis il survenait quelque empêchement.

MADAME LINDE

Je me rends si bien compte...

NORA

Non, Christine, cela a été bien mal à moi. Pauvre amie, par quelles épreuves tu as dû passer! Il ne t'a pas laissé de quoi vivre?

MADAME LINDE

Non.

NORA

Et pas d'enfants?

MADAME LINDE

Non plus.

NORA

Rien du tout, alors?

MADAME LINDE

Pas même un deuil au cœur, un de ces regrets qui occupent.

NORA, la regardant incrédule.

Voyons, Christine, comment est-ce possible?

MADAME LINDE, souriant amèrement et lui passant la main sur les cheveux.

Cela arrive quelquefois, Nora.

NORA

Seule au monde. Comme cela doit te peser! Moi, j'ai trois jolis bébés. Tu ne peux pas les voir pour le moment. Ils sont sortis avec leur bonne. Maintenant tu vas tout me raconter.

MADAME LINDE

Plus tard, commence d'abord.

NORA

Non, à toi de parler. Aujourd'hui je ne veux pas être égoïste... je ne veux penser qu'à toi. Sais-tu le grand bonheur qui nous est arrivé ces jours-ci?

MADAME LINDE

Non, qu'est-ce que c'est?

NORA

Songe donc, mon mari a été fait directeur de la banque.

MADAME LINDE

Ton mari? Oh! quelle chance!

NORA

N'est-ce pas? C'est si précaire d'être avocat, surtout quand on ne veut se charger que de bonnes et belles causes. Et c'était là, naturellement, le cas de Torvald, en quoi je l'approuve entièrement. Tu penses, si nous sommes heureux. Il doit occuper son poste dès la nouvelle année et alors il aura un grand traitement et de nombreux bonis. Alors, nous vivrons tout autrement... absolument à notre guise. Oh! Christine, que je me sens heureuse et le cœur à l'aise! C'est délicieux en vérité d'avoir beaucoup d'argent et de ne pas se faire de soucis. N'est-il pas vrai?

MADAME LINDE

Certainement! En tout cas cela doit être bien bon d'avoir le nécessaire.

NORA

Non, pas seulement le nécessaire, mais beaucoup, beaucoup d'argent.

MADAME LINDE, souriant.

Nora, Nora, n'es-tu pas encore raisonnable à l'heure qu'il est? A l'école tu étais déjà une grande gaspilleuse.

NORA, souriant doucement.

Torvald prétend que je le suis encore. Mais (*menaçant du doigt*) « Nora, Nora » n'est pas si folle que vous le pensez. Ah! je n'ai vraiment pas eu grand-chose à gaspiller jusqu'à présent. Il nous a fallu travailler tous les deux.

MADAME LINDE

Toi aussi?

NORA

Oui. De petites choses, des ouvrages à la main, du crochet, de la broderie, etc. (*changeant de ton*) et autre chose encore. Tu sais que Torvald a quitté le ministère quand nous nous sommes mariés. Il n'avait pas d'avancement à espérer dans son bureau et il lui fallait gagner plus d'argent qu'avant. Mais la première année il s'est terriblement surmené. Tu comprends, il devait chercher toute sorte d'occupations supplémentaires et travailler du matin au soir. Cela dépassa ses forces, et il tomba mortellement malade. Alors les médecins déclarèrent qu'il devait aller dans le Midi.

MADAME LINDE

C'est vrai; vous êtes restés un an en Italie.

NORA

Oui. Cela ne fut pas facile de partir, comme tu peux bien le penser... Yvar venait de naître. Mais, bien entendu, il le fallait. Oh! cela a été merveilleusement beau, ce voyage! Et il a sauvé la vie à Torvald. Mais ce qu'il a coûté d'argent, Christine!

MADAME LINDE

Je puis me le figurer.

NORA

Douze cents écus. Quatre mille huit cents couronnes. C'est de l'argent cela!

MADAME LINDE

Oui, et dans un cas pareil c'est un grand bonheur que de l'avoir.

NORA

Je vais te dire : c'est papa qui nous l'a donné.

MADAME LINDE

Ah! bien! C'était juste à l'époque où ton père est mort, il me semble.

NORA

Oui, Christine, juste à cette époque. Et pense donc, je n'ai pas pu aller le soigner. J'attendais tous les jours la naissance du petit Yvar et mon pauvre Torvald, mourant, qui avait besoin de mes soins!

Ce bon, cher papa! Je ne l'ai jamais revu. Oh! c'est ce que j'ai eu de plus cruel à supporter depuis mon mariage.

MADAME LINDE

Tu l'aimais beaucoup, je le sais. Ainsi vous êtes partis pour l'Italie?

NORA

Oui. Nous avions l'argent, et les médecins nous pressaient. Nous sommes partis au bout d'un mois.

MADAME LINDE

Et ton mari est revenu entièrement remis?

NORA

Il se portait comme un charme.

MADAME LINDE

Et... ce médecin?

NORA

Que veux-tu dire?

MADAME LINDE

Je me souviens que la bonne a annoncé un docteur en faisant entrer un monsieur en même temps que moi.

NORA

Le docteur Rank, oui. Il ne vient pas en médecin. C'est notre meilleur ami : il vient nous voir au moins une fois par jour. Non, Torvald n'a pas eu une heure d'indisposition depuis lors. Les enfants aussi sont frais et bien portants, et moi de même. (*Elle se lève d'un bond et frappe des mains.*) Mon Dieu, mon Dieu, Christine, que c'est donc bon et délicieux de vivre et d'être heureux!... Ah! mais c'est affreux à moi... je ne parle que de mes propres affaires. (*Elle s'assied sur un tabouret à côté de Christine et s'appuie sur ses genoux.*) Tu ne m'en veux pas? Dis-moi, est-ce bien vrai que tu n'aimais pas ton mari? Pourquoi l'as-tu épousé dans ce cas?

MADAME LINDE

Ma mère était encore en vie, malade et sans soutien. Puis j'avais mes deux petits frères à ma charge. Je ne me suis pas crue en droit de refuser sa demande.

NORA

Non, non, je suis sûre que tu as eu raison. Il était donc riche à cette époque.

MADAME LINDE

Il était, je crois, très à son aise. Mais c'était une fortune mal équilibrée. A sa mort tout a fondu, il n'est rien resté.

NORA

Alors?...

MADAME LINDE

J'ai dû me tirer d'affaire à l'aide d'un petit négoce, d'une petite école que j'ai dirigée, que sais-je? Les trois dernières années ont été pour moi une longue journée de travail sans repos. Maintenant elle est finie, Nora. Ma pauvre mère n'a plus besoin de moi : elle s'en est allée, les garçons non plus : ils sont en état de subvenir eux-mêmes à leurs besoins.

NORA

Comme tu dois te sentir soulagée!

MADAME LINDE

Non, Nora : je ne sens qu'un vide insupportable. Plus personne pour qui se dévouer. (*Elle se lève inquiète.*) Aussi n'ai-je pas pu tenir là-bas, dans ce coin perdu. Cela doit être plus facile de s'absorber dans une occupation, de distraire ses pensées. Si je pouvais seulement être assez heureuse pour trouver une place, du travail de bureau...

NORA

Y songes-tu? C'est si fatigant et tu as tant besoin de repos. Tu ferais mieux d'aller aux eaux.

MADAME LINDE, s'approchant de la fenêtre.

Je n'ai pas de papa, moi, pour me payer le voyage.

NORA, se levant.

Allons! ne sois pas fâchée.

MADAME LINDE

C'est toi, chère Nora, qui ne dois pas m'en vouloir. Ce qu'il y a de pire dans une situation comme la mienne, c'est qu'on devient si aigri. On n'a personne pour qui travailler et cependant on doit regarder de tous côtés pour se pourvoir : ne faut-il pas vivre? Alors on devient égoïste. Que te dirai-je? Quand tu m'as fait part de l'heureuse tournure de vos affaires, je m'en suis encore plus réjouie pour moi-même que pour toi.

NORA

Comment cela?... Ah! oui... je comprends. Tu t'es dit que Torvald pourra t'être utile?

MADAME LINDE

Oui, je l'ai pensé.

NORA

Il le sera, Christine. Je vais préparer le terrain bien délicatement, trouver quelque chose de gentil qui rende Torvald bien disposé. Oh! je tiens tant à te rendre service.

MADAME LINDE

Comme c'est gentil à toi, Nora, de montrer tant d'empressement... doublement de ta part à toi qui connais si peu les misères et les désagréments de la vie.

NORA

Moi?... Tu crois cela?

MADAME LINDE, souriant.

Mon Dieu, de petits ouvrages à la main, et des babioles de ce genre... Tu es une enfant, Nora.

NORA, hochant la tête et traversant la scène.

N'en parle pas si légèrement.

MADAME LINDE

Vraiment?

NORA

Tu es comme les autres. Vous croyez tous que je ne suis bonne à rien de sérieux...

MADAME LINDE

Allons, allons...

NORA

Que je n'ai aucune connaissance du côté pénible de la vie.

MADAME LINDE

Mais, ma chère Nora, tu viens de me raconter toutes tes difficultés.

NORA

Bah!... ces bagatelles!... (*A voix basse.*) Je ne t'ai pas raconté le principal.

MADAME LINDE

Que veux-tu dire?

NORA

Tu me traites du haut de ta grandeur, Christine, mais tu ne devrais pas le faire. Tu es fière d'avoir tant et si longtemps travaillé pour ta mère.

MADAME LINDE

Je ne traite personne du haut de ma grandeur. Mais, c'est vrai que je suis heureuse et fière en songeant que, grâce à moi, les derniers jours de ma mère ont été tranquilles.

NORA

Et tu es fière aussi en songeant à ce que tu as fait pour tes frères.

MADAME LINDE

Il me semble que j'aie le droit de l'être.

NORA

C'est bien ce que je pense. Maintenant je vais te raconter quelque chose, Christine. Moi aussi j'ai un sujet de joie et d'orgueil.

MADAME LINDE

Je n'en doute pas. Mais comment l'entends-tu?

NORA

Parle plus bas. Pense donc, si Torvald nous entendait. Pour rien au monde je ne voudrais qu'il... Personne ne doit le savoir, personne au monde, excepté toi, Christine.

MADAME LINDE

Mais qu'est-ce donc?

NORA

Viens plus près. (*L'attirant près d'elle sur le canapé.*) Oui... écoute... moi aussi je puis être fière et heureuse. C'est moi qui ai sauvé la vie de Torvald.

MADAME LINDE

Sauvé? Comment sauvé?

NORA

Je t'ai parlé, n'est-ce pas, du voyage en Italie? Torvald n'aurait pas vécu s'il n'avait pas pu aller dans le Midi...

MADAME LINDE

Eh bien, ton père vous a donné l'argent nécessaire.

NORA

Oui, c'est ce que croit Torvald et tout le monde; mais...

MADAME LINDE

Mais?...

NORA

Papa ne nous a pas donné un centime. C'est moi qui ai procuré l'argent.

MADAME LINDE

Toi? Une si grande somme?...

NORA

Douze cents écus. Quatre mille huit cents couronnes. Qu'en dis-tu?

MADAME LINDE

Mais, Nora, comment as-tu fait cela?... Avais-tu gagné à la loterie?

NORA, d'un ton de mépris.

A la loterie? (*Avec un geste de dédain.*) Quel mérite y aurait-il en cela?

MADAME LINDE

Mais dans ce cas, où les as-tu pris?

NORA, souriant mystérieusement et fredonnant.

Hum; tra la la!

MADAME LINDE

Tu n'aurais jamais pu les emprunter.

NORA

Pourquoi cela?

MADAME LINDE

Parce qu'une femme mariée ne peut pas emprunter sans le consentement de son mari.

NORA, hochant la tête.

Oh! quand il s'agit d'une femme un peu pratique... une femme qui sait s'y prendre adroitement...

MADAME LINDE

Nora, je n'y suis pas du tout.

NORA

Tu n'as pas besoin de comprendre. Il n'est pas dit que j'aie emprunté cet argent. J'ai pu me le procurer d'une autre façon. (*Elle se jette sur le divan.*) J'ai pu l'avoir reçu d'un adorateur, quoi? Avec mes attraits...

MADAME LINDE

Folle que tu es!

NORA

Avoue que tu es terriblement curieuse.

MADAME LINDE

Dis-moi, chère Nora, n'as-tu pas agi à l'étourdie?

NORA, se redressant.

Est-ce une étourderie que de sauver la vie de son mari?

MADAME LINDE

Ce que je crois une étourderie c'est qu'à son insu...

NORA

Mais, justement il ne devait pas savoir! Mon Dieu, ne comprends-tu donc pas? Il ne devait pas connaître la gravité de son état. C'est à moi que les médecins sont venus dire que sa vie était en danger, qu'il n'y avait qu'un séjour dans le Midi qui pouvait le sauver. Crois-tu que je n'aie pas essayé de ruser? Je lui disais combien je serais heureuse d'aller voyager à l'étranger comme les autres jeunes femmes; je pleurais, je suppliais et je lui disais qu'il devait bien songer à la position dans laquelle j'étais et se plier à mon désir; enfin je donnai à entendre qu'il pourrait bien contracter un emprunt. Mais alors, Christine, il fut tout près de s'emporter. Il me dit que j'étais une étourdie et que c'était son devoir de mari de ne pas obéir à mes fantaisies et à mes caprices. « Bon, bon, pensais-je, on le sauvera, coûte que coûte. » C'est alors que je trouvai un expédient.

MADAME LINDE

Et ton mari n'a pas appris par ton père que l'argent ne venait pas de lui?

NORA

Jamais. Papa est mort quelques jours après. J'avais pensé à tout lui révéler en lui demandant de ne pas me trahir, mais il allait si mal... Hélas! je n'eus pas cette démarche à faire.

MADAME LINDE

Et depuis tu ne t'en es jamais confessée à ton mari?

NORA

Non! Grand Dieu! A quoi penses-tu? Lui, si sévère sur ce point! Et puis... Torvald, avec son amour-propre d'homme, comme cela lui serait pénible! Quelle humiliation que d'apprendre qu'il me devait quelque chose! Cela aurait dérangé tous nos rapports; notre doux intérieur, si heureux, ne serait plus ce qu'il est.

MADAME LINDE

Tu ne lui en parleras jamais?

NORA, réfléchissant et souriant à demi.

Si... peut-être avec le temps; après de longues, longues années, quand je ne serai plus aussi jolie qu'à présent. Ne ris pas! Je veux dire : quand Torvald ne m'aimera plus autant, quand il n'aura plus de plaisir à me voir danser, me travestir et déclamer pour lui. Alors, il sera bon peut-être d'avoir sur quoi se rabattre... (*S'interrompant.*) Ah! bah! Ce jour ne viendra jamais!... Eh bien, Christine, mon grand secret, qu'en dis-tu? Moi aussi je suis bonne à quelque chose... Tu peux croire que cette affaire m'a causé beaucoup de soucis. Il ne m'a pas été facile, en vérité, de m'exécuter à date fixe. Je vais te dire, il y a dans les affaires une chose qu'on appelle le trimestre et une autre : l'amortissement, et tout cela est terriblement difficile à arranger. J'ai dû économiser un peu sur tout. Sur le ménage je n'ai pu rogner que peu de chose; il fallait que Torvald vécût commodément. Les enfants non plus ne pouvaient pas être mal habillés. Tout ce que je recevais pour eux me semblait leur revenir. Les chers petits anges!

MADAME LINDE

C'est donc sur tes dépenses personnelles que tu as dû prélever tout cela, pauvre Nora!

NORA

Naturellement. Du reste, ce n'était que justice. Chaque fois que Torvald me donnait de l'argent pour ma toilette, je ne dépensais que la moitié! J'achetais toujours ce qu'il y avait de moins cher. Il est bien heureux, vraiment, que tout me siée, en sorte que Torvald n'a rien remarqué. Cependant quelquefois cela me paraît dur, Christine, c'est si doux d'être élégante! N'est-ce pas?

MADAME LINDE

Je crois bien.

NORA

J'ai encore d'autres revenus. L'hiver dernier j'ai eu la chance de trouver beaucoup de copie. Alors, je m'enfermais et j'écrivais bien avant dans la nuit. Oh! souvent j'étais fatiguée, fatiguée! Pourtant, c'était bien amusant de travailler pour gagner de l'argent. Il me semblait presque que j'étais un homme.

MADAME LINDE

Combien as-tu payé de la sorte?

NORA

Je ne saurais te le dire au juste. Il est très difficile, vois-tu, de se débrouiller dans ces sortes d'affaires. Je sais seulement que j'ai payé tout ce que j'ai pu. Souvent je ne savais plus où donner de la tête. (*Elle sourit.*) Alors je me représentais qu'un vieux monsieur très riche était tombé amoureux de moi...

MADAME LINDE

Quoi? Quel monsieur?

NORA

Des bêtises!... qu'il mourait, et qu'en ouvrant son testament, on voyait écrit en grandes lettres : « Tout mon argent revient à la charmante Mme Nora Helmer et lui sera versé sur-le-champ. »

MADAME LINDE

Mais chère Nora... quel est ce monsieur?

NORA

Mon Dieu! ne comprends-tu donc pas? Le vieux monsieur n'existe pas, c'est seulement une idée qui me revenait sans cesse quand je ne voyais aucun moyen pour me procurer de l'argent. Du reste, c'est bien indifférent maintenant. Le vieux bonhomme peut être où bon lui semble, je ne me soucie ni de lui, ni de son testament, car je suis tranquille à l'heure qu'il est. (*Elle se lève vivement.*) Oh! mon Dieu, quel charme que d'y penser, Christine! Tranquille! Pouvoir être tranquille, tout à fait tranquille, jouer avec les enfants, arranger sa maison gentiment, avec goût, comme Torvald veut l'avoir. Puis viendra le printemps et le beau ciel bleu! Peut-être pourrons-nous alors voyager un peu. Revoir la mer! Oh! Oh! que c'est donc adorable de vivre et d'être heureuse!

On sonne.

MADAME LINDE, se levant.

On sonne; je dois partir peut-être?

NORA

Non, reste; il ne viendra personne; c'est probablement pour Torvald...

LA BONNE

Pardon, madame... il y a un monsieur qui veut parler à l'avocat...

NORA

Au directeur, veux-tu dire.

LA BONNE

Au directeur, oui; mais comme le docteur est là... je ne savais pas...

KROGSTAD, apparaissant.

C'est moi, madame.

MADAME LINDE. Elle tressaille, se trouble et se tourne vers la fenêtre.

NORA fait un pas vers lui et, troublée, dit à mi-voix.

Vous? Qu'y a-t-il? Que voulez-vous dire à mon mari?

KROGSTAD

C'est au sujet de la banque. J'ai là un petit emploi, et j'entends dire que votre mari va devenir notre chef...

NORA

C'est vrai.

KROGSTAD

Rien que d'ennuyeuses affaires, madame, pas autre chose.

NORA

Donnez-vous alors la peine d'entrer au bureau.

Elle le salue négligemment, en refermant la porte de l'antichambre, puis elle se dirige vers la cheminée.

MADAME LINDE

Nora... qui est cet homme?

NORA

C'est l'avocat Krogstad.

MADAME LINDE

Ainsi c'était lui.

NORA

Tu le connais?

MADAME LINDE

Je l'ai connu il y a bien des années. Il a été pendant quelque temps procureur chez nous.

NORA

Oui, c'est juste.

MADAME LINDE

Comme il est changé.

NORA

Il a été, je crois, très malheureux en ménage.

MADAME LINDE

Il est veuf maintenant, n'est-ce pas?

NORA

Oui, avec un tas d'enfants. Bon, voilà que je me brûle.

Elle recule sa chaise à bascule.

MADAME LINDE

On dit qu'il s'occupe de toutes sortes d'affaires.

NORA

Vraiment? C'est possible; je n'en sais rien... Mais ne parlons pas d'affaires; c'est si ennuyeux.

Le docteur Rank entre, venant de la chambre de Helmer.

RANK, tenant la porte entrouverte.

Non, non; je ne veux pas te déranger; j'entrerai plutôt un instant chez ta femme. (*Il ferme la porte et remarque la présence de Mme Linde.*) Oh! pardon! Je dérange également ici.

NORA

Pas le moins du monde... (*Présentant.*) Le docteur Rank; Mme Linde.

RANK

Un nom qu'on entend souvent prononcer dans cette maison. Je crois vous avoir dépassée sur l'escalier, en venant.

MADAME LINDE

Oui, je monte difficilement les escaliers.

RANK

Ah! un peu usée, à ce que je vois!

MADAME LINDE

Ou plutôt surmenée.

RANK

Pas autre chose? Alors vous êtes probablement venue en ville pour vous reposer en courant les fêtes?

MADAME LINDE

Je suis venue en ville pour chercher de l'ouvrage.

RANK

Serait-ce là un remède efficace contre le surmenage?

MADAME LINDE

Il faut bien vivre, docteur.

RANK

Oui, c'est une opinion générale : on trouve cela nécessaire.

NORA

Oh! docteur, je suis sûre que vous-même vous tenez beaucoup à vivre.

RANK

Bien sûr, que j'y tiens. Misérable comme je suis, je veux absolument souffrir aussi longtemps que possible. Tous mes patients ont le même désir. Et c'est également l'avis de ceux qui ont le moral attaqué. Juste en ce moment j'ai laissé l'un d'eux chez Helmer, un homme en traitement : il y a des hôpitaux pour ces malades-là.

MADAME LINDE, d'une voix sourde.

Ah!

NORA

Que voulez-vous dire?

RANK

Oh! je parle de l'avocat Krogstad, un homme que vous ne connaissez pas. Il est pourri jusqu'aux os. Eh bien, lui aussi affirme comme une chose de la plus haute importance qu'il lui faut vivre.

NORA

Vraiment? De quoi parlait-il avec Helmer?

RANK

Je ne sais vraiment pas. J'ai seulement entendu que cela se rapportait à la banque.

NORA

Je ne savais pas que Krog... que ce monsieur Krogstad avait à faire avec la banque.

RANK

Si fait; on lui a trouvé une sorte d'emploi. (*S'adressant à Mme Linde.*) Je ne sais si, chez vous aussi, il existe une espèce d'hommes qui s'évertuent à dénicher de la pourriture morale. Puis, sitôt l'individu malade trouvé, ils l'installent en observation en lui procurant telle ou telle bonne place. Les bien portants n'ont qu'à rester dehors.

MADAME LINDE

Il faut bien avouer que ce sont surtout les malades qui ont besoin d'être soignés.

RANK, haussant les épaules.

Voilà. C'est une manière de voir qui change la société en hôpital.

NORA, qui est restée absorbée dans ses propres pensées, se met à rire en battant des mains.

RANK

Pourquoi riez-vous? Savez-vous seulement ce que c'est que la société?

NORA

Est-ce que je me soucie de votre assommante société? Je riais d'autre chose... une chose si drôle. Dites-moi, docteur... tous ceux qui ont des emplois dans la banque dépendront à l'avenir de Torvald?

RANK

C'est cela qui vous amuse tant?

NORA, souriant et fredonnant.

Ne faites pas attention. (*Elle rôde par la chambre.*) Oui, c'est si amusant, si incroyable que nous... que Torvald ait maintenant une telle influence et sur tant de monde. (*Elle tire le cornet de pralines de sa poche.*) Docteur, voulez-vous des pralines?

RANK

Tiens, des pralines. Je croyais que c'était de la contrebande, ici.

NORA

Oui, mais celles-ci, Christine me les a données.

MADAME LINDE

Moi?...

NORA

Allons, allons, ne t'effraye pas. Tu ne pouvais pas savoir que Torvald me l'a défendu. Je vais te dire : il craint pour mes dents. Mais bah!... une fois n'est pas coutume. N'est-ce pas, docteur?... Tenez! (*Elle lui met une praline dans la bouche.*) Et toi aussi, Christine. Quant à moi, j'en mangerai une toute petite... deux tout au plus. (*Elle se remet à tourner dans la chambre.*) Me voilà démesurément heureuse. Il n'y a qu'une chose au monde dont j'ai encore une folle envie.

RANK

Voyons! Qu'est-ce que c'est?

NORA

C'est quelque chose que j'aurais une envie folle de dire devant Torvald.

RANK

Et pourquoi ne la diriez-vous pas?

NORA

Je n'ose pas, c'est trop laid.

MADAME LINDE

Laid?

RANK

En effet, dans ce cas, il vaut mieux s'en abstenir, mais à nous vous pourriez... Qu'avez-vous si follement envie de dire devant Helmer?

NORA

J'ai une si folle envie de dire : Sacrebleu!

RANK

Quelle folle vous êtes.

MADAME LINDE

Voyons, Nora...

RANK

Vous pouvez le dire; le voici.

NORA, cachant les bonbons.

Tst, tst, tst.

Helmer vient de sa chambre, un paletot sur le bras, le chapeau à la main.

NORA, s'avançant vers lui.

Eh bien, cher Torvald, tu as réussi à t'en débarrasser?

HELMER

Oui, il vient de partir.

NORA

Puis-je te présenter?... C'est Christine qui est venue en ville.

HELMER

Christine?... Pardonnez-moi, mais je ne sais vraiment pas...

NORA

Madame Linde, voyons, Mme Christine Linde.

HELMER

Ah! très bien! Probablement une amie d'enfance de ma femme?

MADAME LINDE

Oui, nous nous sommes connues autrefois.

NORA

Et pense donc, elle a fait ce long voyage pour me parler.

HELMER

Comment cela?

MADAME LINDE

Pas uniquement...

NORA

Vois-tu, Christine est si adroite pour le travail de bureau, et puis elle meurt d'envie d'être sous les ordres d'un homme supérieur et d'acquérir encore plus d'expérience.

HELMER

C'est fort raisonnable à vous, madame.

NORA

Et alors, quand elle a appris que tu étais devenu

directeur de la Banque, — une dépêche l'a annoncé — elle s'est tout de suite mise en chemin... N'est-ce pas, Torvald?... pour me faire plaisir, tu feras bien quelque chose pour Christine, dis?

HELMER

Ce n'est pas du tout impossible. Madame est probablement veuve?

MADAME LINDE

Oui.

HELMER

Et vous avez l'habitude du travail de bureau?

MADAME LINDE

Oui, assez.

HELMER

Alors, il est très probable que je pourrai vous procurer une place...

NORA, battant des mains.

Tu vois bien!

HELMER

Vous êtes venue au bon moment, madame.

MADAME LINDE

Comment vous remercier!

HELMER

Oh! n'en parlons pas. (*Il met son pardessus.*) Mais aujourd'hui il faudra m'excuser...

RANK

Attends : je t'accompagne.

Il va prendre sa fourrure dans l'antichambre et vient la chauffer devant la cheminée.

NORA

Ne reste pas longtemps, Torvald.

HELMER

Une heure; pas plus.

NORA

Tu pars aussi, Christine?

MADAME LINDE, mettant son manteau.

Il faut que j'aille à la recherche d'un logement.

HELMER

Nous pourrons faire un bout de chemin ensemble.

NORA, l'aidant.

C'est bien ennuyeux que nous demeurions si à l'étroit... il nous est vraiment impossible...

MADAME LINDE

A quoi penses-tu? Au revoir, chère Nora, et merci.

NORA

Au revoir. Ce soir tu reviendras, bien entendu. Et vous aussi, docteur. Comment? Si vous allez assez bien? Qu'est-ce à dire? Emmitouflez-vous seulement.

Ils sortent en causant par la porte d'entrée. On entend des voix d'enfants sur l'escalier.

NORA

Les voici! les voici!

Elle court pour ouvrir. Anne-Marie entre avec les enfants.

NORA

Entrez! entrez! (*Elle se baisse et les embrasse.*) Oh! mes chers adorés! Vois, Christine! Ne sont-ils pas gentils?

RANK

Ne restez donc pas dans le courant d'air.

Le docteur Rank, Helmer et Mme Linde descendent

l'escalier. Anne-Marie entre sur la scène avec les enfants. Nora rentre également après avoir fermé la porte.

NORA

Comme vous avez l'air frais et gaillards! Quelles joues rouges! Comme des pommes et comme des roses! (*Les enfants lui parlent tous à la fois jusqu'à la fin de la scène.*) Vous êtes-vous tant amusés que cela? C'est très bien. Vraiment? tu as tiré le traîneau avec Emmy et Bob dessus? Pas possible! Tous les deux! Ah! tu es un petit gaillard, Yvar. Oh! laisse-la moi un instant, Anne-Marie. Ma petite poupée chérie! (*Elle prend la cadette des enfants et danse avec elle.*) Oui, oui, maman va danser avec Bob aussi. Comment? Vous avez fait des boules de neige? Oh! que j'aurais voulu en être. Non, laisse-moi faire Anne-Marie. Je veux les déshabiller moi-même. Laisse donc, c'est si amusant! Entre là en attendant, tu as l'air toute gelée. Il y a du café chaud pour toi à la cuisine.

La bonne d'enfants sort par la porte de gauche. Nora ôte les manteaux et les chapeaux des enfants et les éparpille au hasard. Les enfants continuent à parler.

NORA

Pas possible? Un grand chien a couru après vous? Mais il ne mordait pas. Non, les chiens ne mordent pas de gentilles poupées comme vous. Yvar, faut pas regarder dans les paquets. Non, non, il y a quelque chose de vilain là-dedans. Quoi? vous voulez jouer? A quoi? A cache-cache? Oui, jouons à cache-cache. Bob se cachera le premier. Moi? Eh bien, ce sera moi!

Nora et les enfants se mettent à jouer, criant et riant sur la scène et dans la chambre à côté. A la fin Nora se cache sous la table. Les enfants arrivent en ouragan, et la cherchent sans pouvoir la trouver. Ils entendent son rire étouffé, se précipitent vers la table, relèvent le tapis et l'aperçoivent. Cris de joie. Elle sort à quatre pattes comme pour les effrayer. Nouvelle explosion de joie. Pendant ce temps on a frappé à la porte d'entrée, sans que personne y ait fait attention. La porte s'entrouvre, on aperçoit Krogstad. Il attend un moment. Le jeu continue.

KROGSTAD

Excusez-moi, madame Helmer...

NORA pousse un cri et se relève à moitié.

Que voulez-vous ici?

KROGSTAD

La porte d'entrée était entrouverte. Quelqu'un aura oublié de la fermer.

NORA, se relevant.

Mon mari n'est pas à la maison, monsieur Krogstad.

KROGSTAD

Je le sais.

NORA

Alors... que voulez-vous?

KROGSTAD

Vous dire un mot.

NORA

A moi?... (*Bas aux enfants.*) Allez chez Anne-Marie. Quoi?... Non, le monsieur étranger ne veut pas faire de mal à maman. Quand il sera parti, nous nous remettrons à jouer.

Elle conduit les enfants dans la chambre à gauche et referme la porte derrière eux.

NORA, inquiète, agitée.

Vous voulez me parler?

KROGSTAD

Oui, je le veux.

NORA

Aujourd'hui?... Mais nous ne sommes pas encore au premier du mois...

KROGSTAD

Non, nous sommes à la veille de Noël. Il dépendra de vous que Noël vous apporte de la joie ou du chagrin.

NORA

Que désirez-vous? Aujourd'hui, cela m'est vraiment impossible...

KROGSTAD

Jusqu'à nouvel ordre, nous ne parlerons pas de cela. C'est de tout autre chose qu'il s'agit. Vous pouvez m'accorder un instant?

NORA

Oui, oui... bien que...

KROGSTAD

Bien. J'étais assis au restaurant Olsen et de là j'ai vu passer votre mari...

NORA

Ah!

KROGSTAD

... avec une dame.

NORA

Eh bien?

KROGSTAD

Puis-je vous poser une question? Cette dame était Mme Linde, n'est-ce pas?

NORA

Oui.

KROGSTAD

Elle vient d'arriver en ville?

NORA

Oui, aujourd'hui même.

KROGSTAD

C'est une amie à vous?

NORA

Oui... Mais je ne saisis pas...

KROGSTAD

Moi aussi, je l'ai connue autrefois.

NORA

Je le sais.

KROGSTAD

Vraiment? Vous êtes au courant. Je le pensais bien. Permettez-moi alors de vous demander si Mme Linde va avoir une place à la Banque?

NORA

Comment osez-vous m'interroger à ce sujet, monsieur Krogstad? Vous, qui êtes le subordonné de mon mari? Mais puisque vous me le demandez, je vais vous le dire. Oui, Mme Linde aura une place à la Banque. Et ce sera grâce à moi, monsieur Krogstad. Maintenant vous êtes au courant.

KROGSTAD

Ainsi j'avais deviné juste.

NORA, arpentant la scène.

Hé! on a un peu d'influence, je pense. Quoique femme, il n'est pas dit que... Quand on est dans une situation subalterne, monsieur Krogstad, il faudrait vraiment prendre garde à ne pas froisser quelqu'un, qui... hum...

KROGSTAD

Qui a de l'influence?

NORA

Justement.

KROGSTAD, changeant de ton.

Madame Helmer, auriez-vous la bonté d'user de votre influence en ma faveur?

NORA

Comment? Que signifie...

KROGSTAD

Voudriez-vous avoir la bonté de faire en sorte que je garde ma modeste place à la Banque?

NORA

Que voulez-vous dire? Qui songe à vous l'enlever?

KROGSTAD

Oh! c'est inutile de jouer l'ignorante. Je comprends fort bien que votre amie n'aime pas à me rencontrer, et je sais maintenant à qui je dois d'être chassé.

NORA

Mais je vous assure...

KROGSTAD

Enfin, en deux mots : il est encore temps et je vous conseille d'user de votre influence pour empêcher cela.

NORA

Mais, monsieur Krogstad, je n'ai aucune influence.

KROGSTAD

Comment cela? Il me semble que vous disiez tout à l'heure...

NORA

Ce n'était évidemment pas dans ce sens. Comment pouvez-vous croire que j'aie un pareil pouvoir sur mon mari?

KROGSTAD

Oh! je connais votre mari depuis que nous avons été étudiants ensemble. Je ne crois pas monsieur le directeur de la Banque plus ferme que d'autres hommes mariés.

NORA

Si vous parlez avec dédain de mon mari, je vous mets à la porte.

KROGSTAD

Madame est courageuse.

NORA

Je ne vous crains plus. Une fois le nouvel an passé, je ne tarderai pas à me libérer.

KROGSTAD, se dominant.

Ecoutez bien, madame : si cela devient nécessaire, je combattrai pour garder mon petit emploi, comme s'il s'agissait d'une affaire de vie ou de mort.

NORA

En effet, cela en a tout l'air.

KROGSTAD

Ce n'est pas seulement à cause du revenu; ce n'est pas là l'important. Mais il y a autre chose... enfin, je vais tout dire. Vous savez naturellement comme tout le monde que j'ai commis une imprudence, il y a de cela bon nombre d'années.

NORA

Je crois en avoir entendu parler.

KROGSTAD

L'affaire n'est pas venue en justice; mais à l'instant tous les chemins me furent fermés. Je débutai alors dans les sortes d'affaires que vous savez; il fallait bien trouver quelque chose et j'ose dire que je n'ai pas été plus mauvais que d'autres. Maintenant je veux sortir de là. Mes fils grandissent. A cause d'eux, je dois recouvrer autant de considération que possible. Ce poste à la Banque était pour moi le premier échelon. Et voici que votre mari veut m'en faire descendre et retomber de nouveau dans la boue.

NORA

Mais, au nom de Dieu, monsieur Krogstad, il n'est pas en mon pouvoir de vous venir en aide.

KROGSTAD

C'est la volonté qui vous manque; mais j'ai des moyens pour vous forcer à agir.

NORA

Vous n'allez pourtant pas raconter à mon mari que je vous dois de l'argent?

KROGSTAD

Hem; et si je le faisais?

NORA

Ce serait honteux de votre part. (*Avec des larmes dans la voix.*) Ce sécret qui est ma joie et ma fierté : il l'apprendrait d'une si vilaine manière... par vous. Vous m'exposeriez aux plus grands désagréments...

KROGSTAD

Vous n'auriez que des désagréments?

NORA, vivement.

Ou faites-le plutôt; c'est vous qui en pâtirez le plus; mon mari verra alors quelle espèce d'homme vous êtes, vous serez bien sûr de perdre votre place.

KROGSTAD

Je viens de vous demander si ce ne sont que des désagréments de ménage que vous craignez?

NORA

Si mon mari apprend la chose, il voudra naturellement payer sur-le-champ; et alors nous serons débarrassés de vous.

KROGSTAD, faisant un pas vers elle.

Ecoutez, madame Helmer... ou vous n'avez pas de

mémoire, ou aussi vous ne connaissez guère les affaires. Il faut que je vous mette un peu au courant.

NORA

Comment cela?

KROGSTAD

A l'époque de la maladie de votre mari, vous êtes venue chez moi pour emprunter douze cents écus.

NORA

Je ne connaissais personne d'autre.

KROGSTAD

Je promis de vous procurer la somme.

NORA

Et vous l'avez procurée.

KROGSTAD

Je promis de vous procurer la somme à certaines conditions. Mais vous étiez alors si préoccupée de la maladie de votre mari, et si pressée d'avoir l'argent du voyage, que je crois que vous ne fîtes guère attention aux détails. Voilà pourquoi il n'est pas de trop de vous les rappeler. Eh bien, je promis de vous procurer l'argent contre un reçu que j'écrivis.

NORA

Oui, et que je signai.

KROGSTAD

Bien. Mais, plus bas, j'ajoutai quelques lignes par lesquelles votre père donnait sa garantie. Ces lignes, il devait les signer.

NORA

Il devait, dites-vous? Il l'a fait.

KROGSTAD

J'avais mis la date en blanc; cela voulait dire que votre père devait indiquer lui-même la date de la signature. Vous vous souvenez de cela?

NORA

Oui, je crois en effet...

KROGSTAD

Là-dessus je vous ai remis le reçu que vous deviez envoyer par la poste à votre père. C'est ainsi que cela s'est passé, n'est-ce pas?

NORA

Oui.

KROGSTAD

Et, bien entendu, vous l'avez fait tout de suite; car cinq à six jours s'étaient à peine écoulés que vous me rapportiez la quittance avec la signature de votre père. Et alors la somme vous a été remise.

NORA

Eh bien, oui! N'ai-je pas fait mes paiements avec exactitude.

KROGSTAD

A peu près. Mais, pour revenir à ce que nous disions tantôt... C'étaient là, sans doute, des temps difficiles pour vous, madame.

NORA

Oui, c'est vrai.

KROGSTAD

Votre père était très malade, je crois.

NORA

Il était mourant.

KROGSTAD

Il est mort peu après?

NORA

Oui.

KROGSTAD

Dites-moi, madame Helmer, vous souviendriezvous par hasard de la date de la mort de votre père? Je veux dire du quantième du mois?

NORA

Papa est mort le 29 septembre.

KROGSTAD

C'est exact. Je m'en suis informé. Et voilà pourquoi je ne m'explique pas (*Il tire un papier de sa poche.*)... certaine particularité.

NORA

Quelle particularité? Je ne sais pas...

KROGSTAD

Ce qu'il y a de particulier, madame, c'est que votre père a signé le reçu trois jours après sa mort.

NORA se tait.

KROGSTAD

Pouvez-vous m'expliquer cela?

NORA continue à se taire.

KROGSTAD

Il est évident aussi que les mots : *2 octobre* et l'année, ne sont pas de l'écriture de votre père, mais d'une écriture que je crois reconnaître. Enfin, cela peut s'expliquer. Votre père aura oublié de dater la signature et quelqu'un l'aura fait au hasard avant d'avoir appris sa mort. Il n'y a pas grand mal à cela. La chose essentielle, c'est la signature elle-même. Elle est bien authentique, n'est-ce pas, madame Helmer? C'est bien votre père qui a écrit son nom là?

NORA. Après un court silence, elle relève la tête et le regarde d'un air provocant.

Non, ce n'est pas lui. C'est moi qui ai écrit le nom de papa.

KROGSTAD

Savez-vous bien, madame, que c'est là une confession dangereuse?

NORA

Pourquoi cela? Sous peu vous aurez votre argent.

KROGSTAD

Une question, je vous prie. Pourquoi n'avez-vous pas envoyé le papier à votre père?

NORA

C'était impossible. Papa était si malade. Si j'avais demandé sa signature, j'aurais dû lui déclarer à quoi l'argent était destiné. Mais je ne pouvais pas lui dire, dans l'état où il se trouvait, que la vie de mon mari était menacée. C'était impossible.

KROGSTAD

Il aurait mieux valu, en ce cas, renoncer à ce voyage.

NORA

Impossible. Ce voyage devait sauver la vie de mon mari. Je ne pouvais pas y renoncer.

KROGSTAD

Mais, ne vous êtes-vous pas dit que vous commettiez une supercherie à mon égard?

NORA

Je ne pouvais pas prendre cela en considération. Je me souciais bien de vous! Je ne pouvais pas vous souffrir à cause de toutes les froides raisons que vous me donniez, quoique vous sussiez que mon mari était en danger.

KROGSTAD

Madame Helmer, évidemment vous n'avez pas une idée bien nette de ce dont vous vous êtes rendue coupable. Je puis seulement vous affirmer que l'acte qui a causé la perte de toute ma situation sociale n'était pas plus criminel que celui-là.

NORA

Vous? Voudriez-vous me faire croire que vous

auriez fait quelque chose de courageux pour sauver la vie de votre femme?

KROGSTAD

Les lois ne se préoccupent pas des motifs.

NORA

En ce cas ce sont de bien mauvaises lois.

KROGSTAD

Mauvaises ou non... si je montre ce papier à la justice, c'est d'après elles que vous serez jugée.

NORA

Je n'en crois rien. Une fille n'aurait pas le droit d'épargner à son vieux père mourant des inquiétudes et des angoisses? Une femme n'aurait pas le droit de sauver la vie à son mari? Je ne connais peut-être pas à fond les lois; mais je suis sûre qu'il doit être écrit quelque part que des choses pareilles sont permises. Et vous n'en savez rien? vous, qui êtes avocat? Vous me paraissez peu habile comme homme de loi, monsieur Krogstad.

KROGSTAD

C'est possible. Mais des affaires comme celles que nous traitons ensemble... Vous admettez, n'est-ce pas, que je m'y entende? Bien. Faites maintenant comme il vous plaira; ce que je puis vous affirmer, c'est que si je suis chassé une seconde fois, vous me tiendrez compagnie.

Il salue et sort.

NORA réfléchit un instant; puis elle hoche la tête.

Ah! bah! Il voulait m'effrayer! Mais je ne suis pas si sotte. (*Elle se met à ramasser les vêtements des enfants, mais s'arrête au bout d'un instant.*) Mais?... Non, c'est impossible! Puisque je l'ai fait par amour.

LES ENFANTS, à la porte de gauche.

Maman, le monsieur est parti.

NORA

Bien, bien, je le sais. Mais ne parlez à personne de ce monsieur. Vous entendez? Pas même à papa!

LES ENFANTS

Non, maman. Veux-tu jouer maintenant?

NORA

Non, non; pas à présent.

LES ENFANTS

Mais, maman, tu avais promis.

NORA

Je ne puis pas. Allez-vous-en; j'ai tant à faire, Allez donc, mes chers petits.

Elle les reconduit doucement et ferme la porte derrière eux.

NORA s'assied sur le divan, prend une broderie, fait quelques points, mais s'interrompt bientôt.

Non! (*Elle jette la broderie, se lève, va à la porte d'entrée et appelle.*) Hélène, apporte-moi l'arbre. (*Elle s'approche de la table à gauche et ouvre le tiroir.*) Non, c'est tout à fait impossible!

LA BONNE, apportant l'arbre de Noël.

Où dois-je le placer, madame?

NORA

Là, au milieu de la chambre.

LA BONNE

Dois-je encore chercher autre chose?

NORA

Merci, j'ai ce qu'il me faut.

LA BONNE sort, après avoir déposé l'arbre.

NORA, garnissant l'arbre de Noël.

Ici, il faut des bougies... et là des fleurs... Le vilain homme! Des bêtises! Tout cela ne signifie rien. L'arbre de Noël sera beau. Je veux faire tout ce que tu veux, Torvald; je danserai pour toi, je chanterai...

Helmer rentre avec un rouleau de papier sous le bras.

NORA

Tiens... te voilà rentré.

HELMER

Oui. Est-il venu quelqu'un?

NORA

Ici? Non.

HELMER

C'est extraordinaire. J'ai vu Krogstad sortir de la maison.

NORA

Ah! C'est juste, Krogstad est venu un instant.

HELMER

Je le vois à ta figure; il est venu pour te prier de parler en sa faveur?

NORA

Oui.

HELMER

Et tu devais le faire comme venant de toi. Tu devais me cacher qu'il était venu. Ne t'a-t-il pas demandé cela?

NORA

Oui, Torvald, mais...

HELMER

Nora, Nora! et tu as pu agir ainsi? Engager une conversation avec un pareil homme et lui faire une promesse! Et, par-dessus le marché, tu m'as fait un mensonge!

NORA

Un mensonge?...

HELMER

Ne m'as-tu pas dit que personne n'était venu? (*Il la menace du doigt.*) C'est ce que mon petit oiseau chanteur ne doit plus jamais faire. Un oiseau chanteur doit avoir le bec pur, pour pouvoir gazouiller juste... jamais de fausses notes. (*Il lui prend la taille.*) N'est-il pas vrai?... Oui, je le savais bien. (*Il s'assied devant la cheminée.*) Comme il fait doux et bon ici.

Il feuillette dans ses papiers.

NORA s'occupe à orner l'arbre. Un silence.

NORA

Torvald!

HELMER

Oui.

NORA

Je me réjouis énormément d'aller après-demain au bal costumé des Stenbord.

HELMER

Et moi, je suis excessivement curieux de la surprise que tu nous prépares.

NORA

Oh! que c'est bête!

HELMER

Quoi?

NORA

Je ne puis pas trouver de costume qui vaille; tout est absurde et insignifiant.

HELMER

Tiens, la petite Nora trouve cela maintenant.

NORA, *derrière la chaise, accoudée au dossier.*

Es-tu très pressé, Torvald?

HELMER

Oh!...

NORA

Quels sont ces papiers?

HELMER

Des affaires de banque.

NORA

Déjà?

HELMER

Je me suis fait délivrer par les directeurs sortants un plein pouvoir pour entreprendre les changements nécessaires dans le personnel et dans l'organisation des bureaux. Je vais employer la semaine de Noël à cet ouvrage. Je veux que tout soit en ordre au nouvel an.

NORA

C'est donc pour cela que ce pauvre Krogstad?...

HELMER

Hum...

NORA, *en lui passant la main dans les cheveux.*

Si tu n'étais pas si pressé, je t'aurais demandé un immense service. Torvald.

HELMER

Voyons. Qu'est-ce que c'est?

NORA

Il n'y a personne qui ait autant de goût que toi. Je tiendrais tant à être à mon avantage à ce bal costumé. Torvald, ne pourrais-tu pas t'occuper de moi et décider de mon costume?

HELMER

Ah! ah! la petite entêtée appelle au secours.

NORA

Oui, Torvald, je ne puis rien décider sans toi.

HELMER

Bien, bien, on réfléchira et on trouvera quelque chose.

NORA

Ah! que tu es gentil. (*Elle retourne à l'arbre de Noël. Un silence.*) Comme ces fleurs font de l'effet. — Mais, dis-moi, est-ce vraiment si terrible ce qu'a fait Krogstad?

HELMER

Il a fait des faux. Comprends-tu ce que cela veut dire?

NORA

N'a-t-il pas pu être poussé par la misère?

HELMER

Oui, on agit par légèreté, comme tant d'autres. Je ne suis pas assez cruel pour condamner sans pitié un homme sur un seul fait de ce genre.

NORA

Non, n'est-ce pas, Torvald?

HELMER

Plus d'un peut se relever, moralement, à condition de confesser son crime et de subir sa peine.

NORA

Sa peine...

HELMER

Mais ce chemin, Krogstad ne l'a pas choisi. Il a cherché à se tirer d'affaire avec des expédients et de l'adresse; c'est cela qui l'a moralement perdu.

NORA

Tu crois que...

HELMER

Pense seulement : un pareil être, avec la conscience de son crime, doit mentir et dissimuler sans cesse. Il est forcé de porter un masque même dans sa propre famille : oui, devant sa femme et ses enfants. Et quand on songe aux enfants, c'est épouvantable.

NORA

Pourquoi?

HELMER

Parce qu'une pareille atmosphère de mensonge apporte une contagion et des principes malsains dans toute une vie de famille. Chaque fois que les enfants respirent, ils absorbent des germes de mal.

NORA, se rapprochant de lui.

Tu en es sûr?

HELMER

Mais oui, j'ai eu souvent l'occasion de le constater comme avocat. Presque tous les gens dépravés de bonne heure ont eu des mères menteuses.

NORA

Pourquoi justement des mères?

HELMER

Cela provient le plus fréquemment des mères; mais le père agit naturellement dans le même sens. Tous les avocats le savent bien. Malgré cela, Krogstad, pendant des années, a empoisonné ses propres enfants de son atmosphère de mensonge et de dissimulation. Voilà pourquoi je l'appelle un homme moralement perdu. (*Il lui tend les mains.*) Et voilà pourquoi ma gentille Nora doit me promettre de ne pas parler en sa faveur. Donne-moi ta parole. Eh bien, qu'y a-t-il? Tends-moi la main. C'est cela. Ainsi c'est décidé. Je t'assure qu'il me serait impossible de travailler avec lui. Je ressens littéralement un malaise physique auprès de gens pareils.

NORA retire sa main et va se placer de l'autre côté de l'arbre.

Comme il fait lourd ici. Et moi qui ai tant à faire.

HELMER, se levant et rassemblant ses papiers.

Il faut que je parcoure une partie de ceci avant le dîner. Et puis je penserai à ton costume. Peut-être, moi aussi, ai-je préparé quelque chose à suspendre à l'arbre dans du papier doré. (*Il lui pose la main sur la tête.*) Oh mon cher petit oiseau chanteur!

NORA, bas, après un silence.

Oh! non! cela n'est pas. C'est impossible. Il faut que ce soit impossible.

ANNE-MARIE, à la porte de gauche.

Les petits veulent absolument venir voir leur maman.

NORA

Non, non, non, ne les laisse pas venir chez moi. Reste avec eux, Anne-Marie.

ANNE-MARIE

Mais oui, Madame.

NORA, pâle d'épouvante.

Dépraver mes enfants...! Empoisonner la maison...! (*Elle relève la tête.*) Ce n'est pas vrai. C'est faux, aussi vrai que j'existe.

**RIDEAU**

# ACTE II

## LE DÉCOR

Même décor. L'arbre de Noël dépouillé est placé dans un coin près du piano. Le chapeau et le manteau de Nora traînent sur le divan.

Nora seule, va et vient avec agitation; à la fin elle s'arrête près du divan et saisit son manteau.

NORA, lâchant le manteau.

Quelqu'un est entré!... (*Elle va vers la porte, tend l'oreille.*) Non, il n'y a personne. Non, non, ce n'est pas pour aujourd'hui, jour de Noël; pour demain non plus... Mais peut-être... (*Elle ouvre la porte et regarde dehors.*) Non, rien dans la boîte aux lettres, elle est vide. Quelle folie! Sa menace n'était pas sérieuse. Une chose pareille ne peut pas arriver. J'ai trois enfants.

Anne-Marie, portant un grand carton, entre par la porte de gauche.

ANNE-MARIE

Enfin j'ai trouvé le carton contenant le costume.

NORA

C'est bien; mets-le sur la table.

ANNE-MARIE, obéissant.

Le costume n'est probablement pas en état.

NORA

Ah! je voudrais le déchirer en mille morceaux.

ANNE-MARIE

Oh! que non; il peut facilement être arrangé; il faut seulement un peu de patience.

NORA

Oui, j'irai prier Mme Linde de venir m'aider.

ANNE-MARIE

Sortir de nouveau? Par ce mauvais temps? Madame prendra froid... tombera malade.

NORA

Ce ne serait pas ce qui pourrait m'arriver de pis... Comment vont les enfants?

ANNE-MARIE

Les pauvres petits jouent avec leurs cadeaux de Noël, mais...

NORA

Parlent-ils souvent de moi?

ANNE-MARIE

Ils sont si habitués à être avec maman.

NORA

Oui, Anne-Marie; mais vois-tu, à l'avenir je ne pourrai plus être si souvent avec eux.

ANNE-MARIE

Les enfants s'habituent à tout.

NORA

Crois-tu cela? Crois-tu qu'ils oublieraient leur maman si elle s'en allait pour toujours?

ANNE-MARIE

Que Dieu nous en préserve... pour toujours!

NORA

Dis-moi, Anne-Marie... je me suis souvent demandé une chose. Comment as-tu eu le courage de confier ton enfant à des étrangers?

ANNE-MARIE

Il a bien fallu, pour être nourrice de la petite Nora.

NORA

Oui; mais que tu aies pu t'y décider?

ANNE-MARIE

Quand il s'offrait une si bonne place? C'était encore une chance pour une pauvre fille qui a eu un malheur. Car il ne voulait rien faire pour moi, le vaurien.

NORA

Ta fille t'aura sans doute oubliée.

ANNE-MARIE

Bien sûr que non. Elle m'a écrit quand elle a fait sa première communion et puis quand elle s'est mariée.

NORA, lui jetant les bras autour du cou.

Ma vieille Anne-Marie, tu as été une bonne mère pour moi lorsque j'étais petite.

ANNE-MARIE

La pauvre petite Nora n'avait pas d'autre mère que moi.

NORA

Et si les petits n'en avaient pas non plus, je sais bien que tu... Balivernes que tout cela! (*Elle ouvre le carton.*) Va les rejoindre. Il faut que je... tu vas voir comme je serai jolie demain.

ANNE-MARIE

Dans tout le bal, il n'y aura personne d'aussi jolie que Mme Nora, j'en suis sûre.

Elle sort par la porte de gauche.

NORA, ouvrant le carton, mais rejetant bientôt le tout loin d'elle.

Si j'osais seulement sortir. Si j'étais sûre que personne ne viendra. Si je savais qu'il n'arrivera rien à la maison pendant ce temps. Quelle folie! il ne viendra personne. Pas de réflexions. Brossons le manchon. Les jolis gants, les jolis gants. Pas de ces idées! Un, deux, trois, quatre, cinq, six... (*Elle pousse un cri.*) Ah! les voilà...

Elle veut se diriger vers la porte, mais reste indécise. Mme Linde entre, après avoir déposé son manteau et son chapeau dans l'antichambre.

NORA

Ah! c'est toi, Christine. Il n'y a personne d'autre, n'est-ce pas? Comme tu arrives à propos!

MADAME LINDE

J'ai appris que tu étais venue me demander.

NORA

Oui, je passais justement devant chez toi. Je voulais te prier de m'aider. Asseyons-nous sur le divan. Voici de quoi il s'agit. Il y aura demain un bal costumé à l'étage au-dessus de nous, chez le consul Stenborg. Torvald veut que je sois déguisée en fille de pêcheur napolitain et que je danse la tarentelle que j'ai apprise à Capri.

MADAME LINDE

Tiens, tiens, tu vas donner toute une représentation.

NORA

Oui, Torvald le veut. Voici le costume; Torvald me l'a fait faire là-bas. Mais il est maintenant si abîmé, que je ne sais vraiment...

MADAME LINDE

Nous aurons vite arrangé cela; il n'y a que la garniture qui est détachée en quelques endroits. Vite du fil et une aiguille. Ah! voici tout ce qu'il me faut.

NORA

Comme c'est gentil à toi!

MADAME LINDE, cousant.

Ainsi tu vas te déguiser demain, Nora? Sais-tu?

Je viendrai un instant pour te voir. Tiens! j'ai tout à fait oublié de te remercier pour la bonne soirée d'hier.

NORA, se levant et traversant la scène.

Il me semble qu'hier on n'était pas aussi bien chez nous que d'habitude. Tu aurais dû venir un peu plus tôt en ville, Christine... C'est vrai que Torvald a le grand talent de rendre la maison agréable et gentille.

MADAME LINDE

Toi aussi, il me semble... tu es bien la fille de ton père. Mais, dis-moi, le docteur Rank est-il toujours aussi abattu qu'hier?

NORA

Non, hier c'était plus évident que de coutume. Il est atteint d'une terrible maladie, le malheureux. Il souffre de la moelle épinière. Son père, vois-tu, était un dégoûtant personnage. Il entretenait des maîtresses et... il y a bien encore autre chose à dire; c'est pour cela que son fils a été maladif depuis l'enfance, tu comprends.

MADAME LINDE, laissant tomber son ouvrage.

Mais, ma chère Nora, qui est-ce qui te raconte de pareilles histoires?

NORA

Bah!... Quand on a eu trois enfants... on reçoit des visites de certaines dames qui sont à demi médecins et qui vous racontent bien des choses.

MADAME LINDE se remet à coudre. Un silence.

Le docteur Rank vient-il tous les jours chez vous?

NORA

Tous les jours. Il est le meilleur ami de jeunesse de Helmer et mon ami aussi. Le docteur Rank est, pour ainsi dire, de la maison.

MADAME LINDE

Mais dis-moi, cet homme est-il tout à fait sincère? Je veux dire... est-ce qu'il n'aime pas à faire des compliments?

NORA

C'est bien le contraire. D'où te vient cette idée?

MADAME LINDE

Quand tu me l'as présenté hier, il a assuré qu'il avait souvent entendu mon nom ici; or, plus tard, j'ai remarqué que ton mari n'avait aucune idée de moi. Comment alors le docteur Rank a-t-il pu...?

NORA

Tu as raison, Christine. Torvald a une grande adoration pour moi; il veut que je sois à lui tout seul, comme il dit. Dans les premiers temps, rien que de m'entendre nommer un des êtres chers qui m'entouraient jadis, le rendait jaloux. Naturellement, je m'en suis abstenue depuis, mais avec le docteur Rank j'en parle souvent, vois-tu; cela l'amuse de m'écouter.

MADAME LINDE

Ecoute-moi bien, Nora, sous plus d'un rapport tu es une enfant; moi, je suis plus âgée que toi et j'ai un peu plus d'expérience. Je vais te donner un conseil au sujet du docteur Rank : il faudrait tâcher de mettre une fin à tout cela.

NORA

Mettre fin à quoi?

MADAME LINDE

A bien des choses. Tu m'as parlé hier d'un riche adorateur qui devait te procurer de l'argent.

NORA

C'est vrai; mais il n'existe pas... malheureusement! et puis?

MADAME LINDE

Le docteur Rank est-il riche?

NORA

Oui, il a de la fortune.

MADAME LINDE

Et pas de famille?

NORA

Personne; mais?...

MADAME LINDE

Et il vient ici tous les jours?

NORA

Tu le sais bien.

MADAME LINDE

Comment un homme comme il faut peut-il être aussi indélicat?

NORA

Je ne te comprends pas du tout.

MADAME LINDE

Ne joue pas la comédie, Nora. Crois-tu que je ne devine pas à qui tu as emprunté les douze cents écus.

NORA

As-tu entièrement perdu la tête? Peux-tu vraiment croire pareille chose? A un ami, qui vient ici tous les jours! Quelle torturante situation ce serait.

MADAME LINDE

Ainsi, ce n'est vraiment pas lui?

NORA

Non, bien sûr. Cette idée ne m'est pas venue un seul instant. Du reste, il n'avait pas d'argent à prêter à cette époque; ce n'est que plus tard qu'il a hérité.

MADAME LINDE

Je crois que cela a été un bonheur pour toi, ma chère Nora.

NORA

Non, jamais l'idée ne me viendrait de demander au docteur Rank... Du reste, je suis bien sûre que si je lui demandais...

MADAME LINDE

Mais naturellement tu ne le feras pas.

NORA

Non, bien entendu. Je n'en prévois pas la nécessité. Mais je suis bien sûre que si je parlais au docteur Rank...

MADAME LINDE

A l'insu de ton mari?

NORA

Il faut que je sorte de cette affaire. Elle aussi s'est faite à son insu. Il faut que cela finisse.

MADAME LINDE

Je te le disais hier; mais...

NORA, allant et venant.

Un homme peut plus facilement se débrouiller dans ces sortes d'affaires qu'une femme...

MADAME LINDE

Si tu parles du mari, oui.

NORA

Des bêtises! (*Elle s'arrête.*) Quand on a tout payé, on vous rend votre quittance, n'est-ce pas?

MADAME LINDE

Naturellement.

NORA

Et on peut la déchirer en mille morceaux et la brûler... le dégoûtant, le sale papier!

MADAME LINDE la regarde fixement, dépose l'ouvrage et se lève lentement.

Nora, tu me caches quelque chose.

NORA

Tu vois cela à ma figure?

MADAME LINDE

Il s'est passé quelque chose depuis hier matin. Nora, dis-moi ce que c'est?...

NORA, se tournant vers elle.

Christine! (*Tendant l'oreille.*) Chut! Torvald est rentré. Passe dans la chambre des enfants. Torvald ne peut pas souffrir de voir coudre. Dis à Anne-Marie de t'aider.

MADAME LINDE, rassemblant une partie des effets.

C'est bien; mais je ne partirai pas avant que tu ne m'aies franchement parlé de tout.

Elle sort par la porte de gauche; en même temps Helmer entre par celle de l'antichambre.

NORA, allant à sa rencontre.

Avec quelle impatience je t'ai attendu, cher Torvald.

HELMER

Etait-ce la couturière?...

NORA

Non, c'était Christine; elle m'aide à arranger mon costume. Tu vas voir comme je ferai de l'effet.

HELMER

Oui, j'ai eu là une brillante idée.

NORA

Une idée superbe. Mais moi aussi je suis gentille de te complaire.

HELMER, lui caressant le menton.

Gentille?... De complaire à ton mari? Allons, allons, petite folle, je sais bien que ce n'est pas cela que tu voulais dire. Mais je ne veux pas te déranger; tu dois essayer, je pense.

NORA

Et toi, tu vas travailler?

HELMER

Oui. (*Montrant des papiers.*) Tu vois. Je suis allé à la Banque...

Il veut entrer dans sa chambre.

NORA

Torvald.

HELMER, s'arrêtant.

Oui.

NORA

Si le petit écureuil te demandait instamment une chose?...

HELMER

Quoi?

NORA

Tu la ferais, dis?

HELMER

D'abord il faudrait savoir de quoi il s'agit.

NORA

Si tu voulais être gentil et docile, l'écureuil gambaderait et ferait toutes sortes de drôleries.

HELMER

Dis vite.

NORA

L'alouette gazouillerait sur tous les tons.

HELMER

L'alouette ne fait que cela.

NORA

Je danserais pour toi comme les elfes au clair de lune.

HELMER

Nora... il ne s'agit pourtant pas de ce dont tu as parlé ce matin?

NORA, se rapprochant.

Si, Torvald... je t'en supplie!

HELMER

Et tu as vraiment le courage d'en parler une seconde fois.

NORA

Oui, oui, il faut consentir, il faut que Krogstad garde sa place à la Banque.

HELMER

Ma chère Nora, j'ai destiné cette place à Mme Linde.

NORA

C'est bien gentil à toi; eh bien, tu n'as qu'à renvoyer un autre commis au lieu de Krogstad.

HELMER

Ceci est un entêtement qui dépasse les bornes! Parce que hier tu as donné une promesse irréfléchie, tu voudrais que...

NORA

Ce n'est pas pour cela, Torvald. C'est pour toi. Tu as dit toi-même que cet homme écrit dans les plus mauvais journaux... il pourra te faire tant de mal. Il m'inspire un si mortel effroi...

HELMER

Oh! je comprends; ce sont des souvenirs d'autrefois qui te reviennent et t'effrayent.

NORA

Qu'entends-tu par là?

HELMER

Tu penses évidemment à ton père.

NORA

Oui, c'est cela. Rappelle-toi tout ce que de vilaines gens ont écrit sur papa dans les journaux... et toutes les calomnies qu'ils ont lancées contre lui. Je crois qu'on l'aurait destitué, si le ministère ne t'avait pas envoyé pour faire l'enquête et si tu ne t'étais pas montré si bienveillant pour lui.

HELMER

Ma petite Nora, il y a une grande différence entre ton père et moi. Ton père n'était pas un fonctionnaire inattaquable. Et moi je le suis et j'espère le rester tant que je garderai ma situation.

NORA

Oh! qui sait ce que les méchantes langues peuvent inventer? Nous pourrions être si bien, si tranquilles, si heureux, dans notre paisible nid, toi, moi et les enfants! Voilà pourquoi je te supplie si instamment.

HELMER

C'est justement parce que tu parles en sa faveur qu'il m'est impossible de le garder. On sait déjà à la Banque que je dois congédier Krogstad. Si on apprenait maintenant que la femme du nouveau directeur l'a fait changer d'avis...

NORA

Eh bien?

HELMER

Non, peu importe naturellement, pourvu que tu aies fait triompher ta petite volonté. Tu crois vraiment que j'irais me rendre ridicule aux yeux de tout le personnel?... Faire croire que je dépends de toutes sortes d'influences étrangères? Tu peux être sûre que les suites se feraient vite sentir. Et puis... il y a encore une raison qui rend Krogstad impossible à la Banque tant que j'en serai le directeur.

NORA

Qu'est-ce que c'est?

HELMER

Pour sa tare morale... j'aurais pu à la rigueur avoir de l'indulgence...

NORA

N'est-ce pas, Torvald?

HELMER

Surtout comme on me dit que c'est un bon employé. Mais c'est une vieille connaissance à moi. Une de ces connaissances de jeunesse, faites à la légère et qui vous gênent si souvent plus tard dans l'existence. Pour tout dire, nous nous tutoyons. Et cet individu est tellement dépourvu de tact, qu'il ne s'en cache pas le moins du monde en présence d'autres personnes. Au contraire il croit que cela lui donne le droit d'employer un ton familier avec moi, et à chaque instant ce sont des *tu,* des *toi, Helmer.* Je te jure que cela m'est désagréable au plus haut point. Il me rendrait ma situation à la Banque intolérable.

NORA

Torvald, tu ne penses pas un mot de ce que tu dis.

HELMER

Si fait. Pourquoi ne le ferais-je pas?

NORA

Parce que ce serait un motif mesquin.

HELMER

Que dis-tu? Mesquin? Tu me trouves mesquin?

NORA

Non, au contraire, mon cher Torvald, et voilà pourquoi...

HELMER

C'est égal; tu dis que mes motifs sont mesquins, en ce cas je le suis moi-même. Mesquin? Vraiment? Il est temps que ceci finisse. (*Appelant.*) Hélène!

NORA

Que vas-tu faire?

HELMER

Prendre une décision.

La bonne entre.

HELMER

Tenez, voici une lettre. Allez sur-le-champ. Trouvez un commissionnaire pour la porter. Mais vite. L'adresse est dessus. Voici de l'argent.

LA BONNE

Bien, monsieur.

Elle sort avec la lettre.

HELMER, repliant ses papiers.

Voilà! madame l'opiniâtre.

NORA, la voix étranglée.

Qu'est-ce que c'est que cette lettre?

HELMER

Le congé de Krogstad.

NORA

Reprends-la, Torvald! Il en est temps encore. Oh! Torvald, reprends-la! Fais cela pour moi... pour toi-même, pour les enfants! Ecoute-moi, Torvald... fais cela! Tu ne sais pas ce qui en résultera pour nous tous.

HELMER

Trop tard.

NORA

Oui, trop tard.

HELMER

Chère Nora, je te pardonne cette angoisse, quoique au fond elle soit une injure pour moi. Oui, c'en est une! N'est-ce pas une injure de croire que je pourrais avoir peur de la vengeance d'un avocassier perdu? Mais je te le pardonne quand même, car cela témoigne du grand amour que tu me portes. (*Il la prend dans ses bras.*) Il le faut, ma Nora adorée. Advienne que pourra. Dans les moments graves, tu verras que j'ai de la force et du courage et que je prends tout sur moi.

NORA, épouvantée.

Que veux-tu dire?

HELMER

Tout, te dis-je...

NORA, avec un accent de décision.

Jamais, jamais tu ne feras cela!

HELMER

Bien; alors nous partagerons, Nora... comme mari et femme. C'est ainsi que cela doit être. (*La caressant.*) Es-tu contente maintenant? Allons, allons, pas de ces regards de colombe effarouchée. Tout cela, ce ne sont que de pures fantaisies. Tu devrais maintenant jouer la tarentelle et t'exercer sur le tambourin. Je m'enfermerai dans mon bureau, d'où je n'entendrai rien. Tu pourras faire tout le bruit que tu voudras et quand Rank viendra, tu lui diras où je suis.

Il lui fait un signe de tête, entre dans sa chambre en emportant les papiers et referme la porte derrière lui.

NORA, à demi morte d'angoisse, reste clouée à sa place et dit à mi-voix :

Il serait capable de le faire. Il le fera malgré tout. Jamais, oh! jamais, cela! Plutôt tout au monde! Du secours!... Un moyen... (*On sonne.*) Le docteur Rank!... Plutôt tout au monde, n'importe quoi!

Elle passe la main sur son front, tâchant de se remettre, et va ouvrir la porte d'entrée. On voit le docteur Rank suspendant sa fourrure. Pendant la scène suivante, le crépuscule tombe.

NORA

Bonjour, docteur. Je vous ai reconnu à votre manière de sonner. Il ne faut pas entrer chez Torvald maintenant : je crois qu'il est occupé.

RANK

Et vous?

NORA, pendant qu'il entre et qu'elle referme la porte.

Oh! vous savez bien... pour vous, j'ai toujours un moment.

RANK

Merci. J'en profiterai aussi longtemps que je le pourrai.

NORA

Que voulez-vous dire? Aussi longtemps que vous le pourrez?

RANK

Oui. Cela vous effraie?

NORA

L'expression est étrange. Quelque chose doit donc arriver?

RANK

Ce que j'ai longtemps prévu. Mais je ne pensais pas que cela viendrait si tôt.

NORA, lui saisissant le bras.

Qu'y a-t-il? Que vous a-t-on dit? Docteur, vous allez me l'apprendre.

RANK, s'asseyant près de la cheminée.

Je suis au bas de la côte. Il n'y a rien à faire.

NORA, soulagée.

Il s'agit de vous?...

RANK

Et de qui donc? A quoi bon me mentir à moi-même? Je suis le plus misérable de tous mes patients, madame Helmer... Ces jours-ci, j'ai entrepris l'examen général de mon état. C'est la banqueroute. Avant un mois, peut-être, je pourrirai au cimetière.

NORA

Fi, comme c'est laid de parler ainsi!

RANK

C'est que la chose elle-même est diablement laide. Le pire, c'est pourtant toutes les horreurs qui doivent précéder. Il ne me reste plus qu'un seul examen. Sitôt que je l'aurai fait, je saurai à peu près quand le dénouement commencera. Il y a une chose que je désire vous dire : Helmer a dans sa fine nature une aversion si profonde pour tout ce qui est laid. Je ne veux pas de lui à mon chevet.

NORA

Oh! mais, docteur...

RANK

Je n'en veux pas. Sous aucun prétexte. Je lui fermerais la porte. Aussitôt que j'aurai la certitude de la catastrophe, je vous enverrai ma carte de visite marquée d'une croix noire : vous saurez alors que c'est l'abomination de la désolation qui a commencé.

NORA

Non, aujourd'hui, vous êtes par trop extravagant. Et moi qui aurais tant désiré que vous fussiez de très bonne humeur...

RANK

Avec la mort devant les yeux?... Et payer pour autrui? Est-ce de la justice, cela? Et dire que dans chaque famille il existe d'une manière ou d'une autre une liquidation de ce genre...

NORA, se bouchant les oreilles.

Chut! Soyons gais, soyons gais!

RANK

En effet, cela prête à rire. Mon épine dorsale, la pauvre innocente, doit souffrir à cause de la joyeuse vie qu'a menée mon père quand il était lieutenant.

NORA, à gauche près de la table.

Il aimait trop les asperges et les pâtés de foies gras, n'est-ce pas?

RANK

Oui; et les truffes.

NORA

Ah! oui! les truffes, et les huîtres aussi?

RANK

Et les huîtres, cela s'entend?

NORA

Et avec cela des flots de porto et de champagne... Il est fâcheux que toutes ces bonnes choses attaquent l'épine dorsale.

RANK

Surtout quand elles attaquent une malheureuse épine dorsale qui n'en a jamais joui.

NORA

Ah! oui! voilà le plus triste de l'affaire!

RANK, la regardant attentivement.

Hem...

NORA, après un instant de silence.

Pourquoi avez-vous souri?

RANK

C'est vous qui avez souri.

NORA

Non, docteur, je vous jure que c'était vous.

RANK, *se levant.*

Vous êtes plus railleuse que je ne le pensais.

NORA

Je suis si disposée à dire des folies aujourd'hui.

RANK

On le voit bien.

NORA, *posant ses deux mains sur les épaules du docteur.*

Cher, cher docteur. Il ne faut pas mourir et nous quitter, Torvald et moi.

RANK

Oh! ce sera un chagrin dont vous serez bientôt consolés. Ceux qui s'en vont sont si vite oubliés.

NORA, *le regardant avec inquiétude.*

Vous pensez?

RANK

On se crée de nouvelles relations et alors...

NORA

Qui se crée de nouvelles relations?

RANK

Vous et Helmer, vous le ferez tous les deux, quand je serai parti. Quant à vous, vous avez déjà commencé, il me semble. Qu'avait-elle à faire ici hier soir, cette Mme Linde?

NORA

Ah!... vous n'allez pas être jaloux de cette pauvre Christine?

RANK

Si, je le suis. Elle me succédera dans la maison. Quand mon échéance sera venue, cette personne...

NORA

Chut! pas si haut, elle est là à côté.

RANK

Aujourd'hui aussi? Vous voyez bien.

NORA

Rien que pour arranger mon costume. Mon Dieu, comme vous êtes absurde! (*S'asseyant sur le divan.*) Maintenant il faut être raisonnable, docteur. Demain vous verrez comme je danserai gentiment et vous pourrez vous dire que je ne le fais que pour vous... oui, et pour Torvald, cela va sans dire. (*Elle retire différentes choses du carton.*) Docteur, venez donc vous asseoir, que je vous montre quelque chose...

RANK, s'asseyant.

Quoi donc?

NORA

Voyez plutôt... Regardez!

RANK

Des bas de soie.

NORA

Couleur de chair. N'est-ce pas joli? Maintenant, il fait trop sombre; mais demain... Non, non, non, vous ne devez voir que la plante des pieds. Si, pourtant, vous pouvez voir plus haut.

RANK

Hum...

NORA

Pourquoi avez-vous cet air de doute? Vous ne croyez pas qu'ils m'iront?

RANK

Sur quoi baser mon opinion?

NORA, le regardant un instant.

Fi, que vous êtes vilain! (*Lui fouettant légèrement l'oreille avec les bas.*) Voilà ce que vous méritez.

**Elle les remet dans le carton.**

RANK

Quelles merveilles y a-t-il encore à voir?

NORA

Vous ne verrez plus rien du tout, parce que vous n'êtes pas sage.

Elle cherche parmi les objets en fredonnant.

RANK, après un court silence.

Quand je suis là, avec vous, familièrement, je ne puis comprendre... Non, je ne comprends pas ce que je serais devenu si je n'étais jamais venu dans cette maison.

NORA, souriant.

Je crois, en effet, qu'au bout du compte vous vous plaisez chez nous.

RANK, baissant la voix et regardant fixement devant lui.

Et devoir quitter tout cela...

NORA

Niaiserie! Vous ne nous quitterez pas...

RANK, comme avant.

Et n'avoir pas la plus petite preuve de reconnaissance à laisser... à peine un chagrin passager... pas autre chose qu'une place libre qui pourra être prise par le premier venu.

NORA

Et si je vous demandais?... Non...

RANK

Si vous me demandiez quoi?

NORA

Une grande preuve de votre affection.

RANK

Oui, eh bien?

NORA

Je veux dire un énorme service.

RANK

Vous voudriez pour une fois me faire cette grande joie?

NORA

Oui; mais vous ne savez même pas de quoi il s'agit.

RANK

Voyons, dites.

NORA

Non, je ne puis pas, docteur; c'est si énorme; à la fois un conseil, un secours et un service...

RANK

Tant mieux. Je ne conçois pas ce que cela peut-être. Mais parlez donc. N'ai-je pas votre confiance?

NORA

Vous l'avez comme personne. Vous êtes mon meilleur, mon plus fidèle ami, je le sais bien. Voilà pourquoi je vais tout vous dire. Eh bien, docteur, il y a une chose qu'il faut m'aider à éviter. Vous savez combien Torvald m'aime; il n'hésiterait pas un instant à donner sa vie pour moi.

RANK, se penchant vers elle.

Nora... croyez-vous donc qu'il soit le seul?

NORA, avec un petit mouvement.

Comment?...

RANK

Le seul qui donnerait avec joie sa vie pour vous.

NORA, tristement.

Vraiment?

RANK

Je me suis juré que vous le sauriez avant que je m'en aille. Je n'aurais jamais pu trouver une meilleure occasion. Oui, Nora, maintenant vous le savez. C'est vous dire aussi que vous pouvez vous confier à moi comme à personne.

NORA, se levant simplement et tranquillement.

Laissez-moi passer.

RANK lui fait de la place, mais reste assis.

Nora!

NORA, à la porte d'entrée.

Hélène, apporte la lampe. (*Se dirigeant vers la cheminée.*) Oh! cher docteur, ceci est vraiment mal à vous.

RANK

C'est mal de vous avoir aimée aussi profondément qu'on peut le faire?

NORA

Non; mais de l'avoir dit. C'était de trop...

RANK

Que voulez-vous dire? Que vous le saviez?...

La bonne entre avec la lampe, qu'elle pose sur la table, puis elle sort.

RANK

Nora... madame Helmer... je vous demande si vous le saviez?

NORA

Est-ce que je sais... Je ne puis vraiment pas vous le dire... Comment avez-vous pu être aussi maladroit, docteur? Tout allait si bien.

RANK

Enfin, vous avez maintenant la certitude que je suis à votre disposition, corps et âme. Voulez-vous parler?

NORA, le regardant.

Après ce que vous venez de dire?

RANK

Je vous en prie, apprenez-moi ce que c'est.

NORA

C'est fini! Vous ne saurez rien.

RANK

Si, si! Ne me punissez pas ainsi. Laissez-moi vous aider autant que c'est humainement possible.

NORA

Maintenant vous ne pouvez plus rien pour moi... Du reste je n'ai besoin de personne. Vous verrez que ce ne sont là que de pures fantaisies, pas autre chose. C'est évident! (*Elle s'assied dans la chaise à bascule et le regarde en souriant.*) Oui, vous êtes vraiment un gentil monsieur, docteur Rank. Vous n'avez pas honte, maintenant que la lampe est allumée, dites?

RANK

A vrai dire, non. Mais je dois peut-être partir... pour toujours?

NORA

Pas le moins du monde. Vous viendrez naturellement comme avant. Vous savez bien que Torvald ne peut pas se passer de vous.

RANK

Oui, mais vous?

NORA

Moi? Tout me semble si amusant dès que vous êtes là.

RANK

C'est justement cela qui m'a induit en erreur. Vous êtes une énigme! Souvent il m'a semblé que vous aviez autant de plaisir à être avec moi qu'avec Helmer.

NORA

Oui, voyez-vous; il y a ceux qu'on aime et ceux avec qui on se plaît.

RANK

Il y a du vrai là-dedans.

NORA

Lorsque j'étais à la maison, j'aimais naturellement papa par-dessus tout. Mais je n'avais pas de plus grand plaisir que de descendre en cachette dans la chambre des bonnes; elles ne me faisaient jamais la morale et elles se racontaient toujours de si drôles d'histoires.

RANK

Ah! fort bien! Ainsi ce sont elles que j'ai remplacées?

NORA, se levant vivement et courant vers lui.

Mais non, mon cher docteur, ce n'est pas ce que j'ai voulu dire. Mais vous pouvez bien comprendre que c'est la même chose avec Torvald qu'avec papa.

LA BONNE, venant de l'antichambre.

Madame!

Elle lui parle à l'oreille et lui tend une carte.

NORA, regardant la carte.

Ah!

Elle la met dans sa poche.

RANK

Quelque chose d'ennuyeux?

NORA

Pas du tout; c'est... c'est mon nouveau costume...

RANK

Comment cela? Mais votre costume est là.

NORA

Oh! oui, celui-là; mais il y en a un autre. Je l'ai commandé... Torvald ne doit rien savoir...

RANK

Ah! voilà donc le grand secret.

NORA

Mais oui; entrez bien vite chez lui. Il est dans la pièce du fond; empêchez-le de venir...

RANK

Soyez tranquille; il ne m'échappera pas.

Il entre dans la chambre de Helmer.

NORA, à la bonne.

Et il attend à la cuisine?

LA BONNE

Oui; il est monté par l'escalier de service...

NORA

Ne lui as-tu pas dit qu'il y avait quelqu'un?

LA BONNE

Si, mais cela n'a servi à rien.

NORA

Il n'a pas voulu s'en aller?

LA BONNE

Non, il ne partira qu'après avoir parlé à Madame.

NORA

Eh bien, fais-le entrer; mais sans bruit. Hélène, tu ne le diras à personne; c'est une surprise pour mon mari.

LA BONNE

Oui, oui, je comprends...

Elle sort.

NORA

L'horreur se prépare! Le voici qui vient. Non, non, non, cela ne se peut pas; cela ne doit pas arriver!

La bonne fait entrer Krogstad et referme la porte. Il est en fourrure de voyage, grosses bottes et bonnet fourré.

NORA, s'avançant vers lui.

Parlez bas, mon mari est là.

KROGSTAD

C'est possible.

NORA

Que voulez-vous?

KROGSTAD

Un renseignement.

NORA

Parlez vite! Qu'est-ce que c'est?

KROGSTAD

Vous savez que j'ai reçu mon congé.

NORA

Je n'ai pas pu l'empêcher, monsieur Krogstad. J'ai combattu pour votre cause jusqu'au bout, mais rien n'a aidé.

KROGSTAD

Votre mari a-t-il si peu d'amour pour vous? Il sait ce qui peut arriver et malgré cela, il ose...

NORA

Comment pouvez-vous croire qu'il le sache?

KROGSTAD

Au fait, je ne l'ai jamais pensé. Cela n'aurait guère ressemblé à mon bon Torvald Helmer de montrer tant de courage.

NORA

Monsieur Krogstad, j'exige qu'on respecte mon mari.

KROGSTAD

Je crois bien. On lui rend tout le respect qui lui est dû. Mais puisque madame met tant de soin à cacher cette affaire, je me permets de supposer que vous êtes mieux renseignée qu'hier sur la gravité de ce que vous avez fait.

NORA

Mieux renseignée que je ne l'aurais été par vous.

KROGSTAD

En effet, un si mauvais juriste...

NORA

Que voulez-vous?

KROGSTAD

Rien. Voir seulement comment vous allez, madame. J'ai pensé à vous toute la journée. On a beau être un caissier, un avocassier, un... en un mot un individu comme moi, on n'en a pas moins quelque chose qui s'appelle du cœur, après tout.

NORA

Prouvez-le; pensez à mes enfants.

KROGSTAD

Votre mari a-t-il pensé aux miens? Mais peu importe. Je voulais seulement vous dire de ne pas prendre la chose au tragique. D'abord je ne déposerai pas de plainte contre vous.

NORA

Non, n'est-ce pas? J'en étais sûre.

KROGSTAD

On peut fort bien terminer cette affaire à l'amiable. Il n'est pas du tout nécessaire que d'autres en soient informés. Cela peut rester entre nous trois.

NORA

Mon mari ne doit jamais rien apprendre...

KROGSTAD

Comment voulez-vous empêcher cela? Pouvez-vous payer le restant?

NORA

Non; pas tout de suite.

KROGSTAD

Vous avez peut-être trouvé un moyen de vous procurer de l'argent ces jours-ci?

NORA

Non. Pas de moyen que je voudrais employer.

KROGSTAD

Du reste cela ne vous aurait servi à rien. Vous pourriez m'offrir n'importe quelle somme, que je ne vous rendrais pas votre engagement.

NORA

Mais expliquez-moi alors comment vous voulez vous en servir.

KROGSTAD

Je veux simplement le garder, l'avoir en ma possession. Nul étranger n'en saura rien. Ainsi, pour le cas où vous auriez songé à quelque résolution désespérée...

NORA

J'y ai songé.

KROGSTAD

... ou bien à tout quitter et à fuir...

NORA

J'y ai songé.

KROGSTAD

... ou à faire quelque chose de pis encore.

NORA

Comment pouvez-vous savoir cela?

KROGSTAD

... abandonnez ces idées.

NORA

Mais comment savez-vous que je les ai?...

KROGSTAD

Nous les avons presque tous au commencement. Je les ai eues comme les autres; mais, ma foi, j'ai manqué de courage.

NORA, d'une voix sourde.

Moi aussi!

KROGSTAD, soulagé.

N'est-ce pas? Vous aussi le cœur vous manque.

NORA

Oui.

KROGSTAD

Ce serait du reste une grande sottise. La première tempête conjugale une fois passée... Là, dans ma poche j'ai une lettre pour votre mari...

NORA

Vous lui dites tout?

KROGSTAD

Avec des expressions aussi atténuées que possible.

NORA, vivement.

Il ne doit pas voir cette lettre. Déchirez-la. Je trouverai de l'argent.

KROGSTAD

Excusez-moi, madame, mais je crois vous avoir dit à l'instant...

NORA

Oh! je ne parle pas de l'argent que je vous dois. Dites-moi la somme que vous demandez à mon mari, je vous la donnerai.

KROGSTAD

Je ne demande pas d'argent à votre mari.

NORA

Mais alors que voulez-vous?

KROGSTAD

Je vais vous le dire. Je veux avancer, madame, je veux parvenir; et en cela votre mari doit m'aider. Pendant un an et demi je n'ai commis aucune malhonnêteté : pendant tout ce temps, je me suis débattu dans les plus misérables difficultés. J'étais content de remonter pas à pas. Maintenant je suis chassé et il ne me suffit plus d'être seulement repris par grâce. Je veux parvenir, vous dis-je. Je veux rentrer dans la Banque... dans de meilleures conditions qu'avant; votre mari doit créer un poste pour moi...

NORA

Jamais il ne fera cela!

KROGSTAD

Il le fera; je le connais... il n'osera pas sourciller. Et une fois là, vous allez voir. Avant un an je serai la main droite du directeur. Ce sera Nils Krogstad et non pas Torvald Helmer qui dirigera la Banque.

NORA

Voilà une chose qui n'arrivera jamais.

KROGSTAD

Vous voudriez peut-être...

NORA

Maintenant j'en ai le courage.

KROGSTAD

Oh! vous ne m'effrayez pas. Une dame délicate et distinguée comme vous...

NORA

Vous allez voir, vous allez voir!

KROGSTAD

Sous la glace peut-être? Dans l'abîme humide, sombre et froid? Et au printemps reparaître à la surface défigurée, méconnaissable, sans cheveux...

NORA

Vous ne m'effrayez pas.

KROGSTAD

Vous non plus. On ne fait pas de ces choses-là, madame Helmer. Et puis à quoi bon? Je l'ai dans ma poche quand même.

NORA

Quand je ne serai plus là?...

KROGSTAD

Vous oubliez que, dans ce cas, votre mémoire même sera entre mes mains.

NORA le regarde, interdite.

KROGSTAD

Allons, vous voici prévenue. Pas de bêtises! Quand Helmer aura reçu ma lettre, j'attends son message. Et souvenez-vous bien que c'est votre mari qui m'a forcé à cette démarche. C'est ce que je ne lui pardonnerai jamais. Adieu, madame.

Il sort.

NORA, entrouvrant avec précaution la porte du vestibule et tendant l'oreille.

Parti. Il ne lui fera pas parvenir cette lettre. Non, non, c'est impossible! (*Elle ouvre la porte de plus en plus.*) Qu'est-ce à dire? Il s'est arrêté. Il réfléchit. Irait-il?...

On entend une lettre tomber dans la boîte, puis les pas de Krogstad, dont le bruit va se perdant à mesure qu'il descend l'escalier.

NORA. Elle réprime un cri et redescend la scène en courant jusqu'à la table placée près du divan.

Un moment de silence.

Elle est dans la boîte! (*Elle revient à pas de loup à la porte de l'antichambre.*) Elle est là!... Torvald, Torvald... maintenant nous sommes perdus!

MADAME LINDE rentre par la porte de gauche, apportant le costume.

C'est tout ce que j'ai pu faire. Ne veux-tu pas essayer?...

NORA, bas, d'une voix étranglée.

Christine, viens ici.

MADAME LINDE, jetant le costume sur le divan.

Qu'as-tu? Tu as l'air toute bouleversée.

NORA

Viens ici. Tu vois cette lettre? Là, à travers la fente de la boîte?

MADAME LINDE

Oui, je vois bien.

NORA

Cette lettre est de Krogstad.

MADAME LINDE

Nora!... C'est Krogstad qui t'a prêté cet argent?

NORA

Oui. Et maintenant Torvald saura tout.

MADAME LINDE

Crois-moi, Nora, c'est ce qu'il y a de mieux pour vous deux.

NORA

Tu ne sais pas tout : j'ai fait une fausse signature.

MADAME LINDE

Grand Dieu!... que dis-tu là?

NORA

Eh bien, écoute une chose, Christine! Ecoute ce que je vais te dire : il faut que tu me serves de témoin.

MADAME LINDE

Témoin de quoi? Dis!

NORA

Si je devenais folle... et, cela peut bien arriver.

MADAME LINDE

Nora!

NORA

Ou s'il m'arrivait autre chose... et que je ne fusse pas là pour...

MADAME LINDE

Nora, Nora, tu es hors de toi!

NORA

S'il y avait quelqu'un qui voulût tout prendre, prendre toute la faute sur lui... tu comprends.

MADAME LINDE

Oui, mais comment peux-tu croire?

NORA

Dans ce cas, tu dois témoigner que c'est faux, Christine. Je ne suis pas hors de moi; j'ai tout mon bon sens et je te dis : Personne d'autre ne l'a su, j'ai agi seule, toute seule. Souviens-toi de cela.

MADAME LINDE

C'est bien, je m'en souviendrai. Mais je ne saisis pas encore...

NORA

Ah! comment comprendrais-tu cela? C'est un prodige qui va s'opérer.

MADAME LINDE

Un prodige?

NORA

Oui, un prodige. Mais, c'est si terrible; Christine, il ne faut pas que cela arrive; je ne veux à aucun prix.

MADAME LINDE

Je vais aller tout de suite parler à Krogstad.

NORA

Ne va pas chez lui : il te ferait du mal.

MADAME LINDE

Il fut un temps où il aurait volontiers fait n'importe quoi pour me plaire.

NORA

Lui?

MADAME LINDE

Où demeure-t-il?

NORA

Ah! qu'en sais-je?... Si fait. (*Elle cherche dans sa poche.*) Voici sa carte. Mais la lettre, la lettre!

HELMER, de sa chambre, frappant à la porte de communication.

Nora!

NORA, avec un cri d'angoisse.

Qu'est-ce qu'il y a? Que me veux-tu?

HELMER

Voyons, voyons! n'aie donc pas peur. Nous ne pouvons pas entrer; tu as verrouillé la porte. Tu essaies, sans doute?

NORA

Oui, oui, j'essaie. Je serai si jolie, Torvald.

MADAME LINDE, après avoir regardé la carte.

Il demeure tout près d'ici, au coin.

NORA

Oui; mais à quoi bon? Nous sommes perdus. La lettre est dans la boîte.

MADAME LINDE

Et ton mari a la clef?

NORA

Toujours.

MADAME LINDE

Krogstad peut redemander la lettre avant qu'elle soit lue. Il peut trouver un prétexte quelconque.

NORA

Mais c'est justement l'heure où Torvald a coutume...

MADAME LINDE

Amuse-le, va chez lui. Je rentre aussitôt que possible.

Elle sort vivement par la porte du vestibule.

NORA, s'approchant de la porte de Helmer, l'ouvrant et regardant.

Torvald!

HELMER, de sa chambre.

Bon! on peut enfin pénétrer chez soi. Viens, Rank, nous allons voir... (*Apparaissant.*) Mais voyons, qu'est-ce à dire?

NORA

Quoi, cher Torvald?

HELMER

Rank m'avait préparé à toute une grande scène en costume.

RANK, apparaissant.

Je l'avais compris ainsi : il paraît que je m'étais trompé.

NORA

Certainement : personne ne me verra dans tout mon état que demain.

HELMER

Mais, ma chère Nora, que tu as l'air fatiguée! Aurais-tu répété la danse?

NORA

Non, je n'ai pas encore essayé une seule fois.

HELMER

Il le faudrait bien pourtant.

NORA

Oui, Torvald; c'est indispensable. Mais je ne puis pas faire un pas sans toi. J'ai tout oublié.

HELMER

Allons, nous nous y remettrons.

NORA

Oui, n'est-ce pas? Enfin, tu vas t'occuper de moi,

Torvald. Tu me le promets? Je suis si inquiète. Ce monde où nous devons aller... Plus d'affaires, ce soir, plus d'écritures! Voyons, tu veux bien?

HELMER

Je te le promets. Ce soir je suis entièrement à ta disposition... petite embarrassée. Ah! c'est vrai : il y a d'abord une chose que je dois voir.

Il se dirige vers la porte du vestibule.

NORA

Que veux-tu faire?

HELMER

Voir seulement s'il est venu des lettres.

NORA

Non, Torvald, ne fais pas cela.

HELMER

Pourquoi?

NORA

Torvald, je t'en prie... il n'y en a pas.

HELMER

Laisse-moi voir.

Il fait un mouvement vers la porte.

NORA, au piano, joue les premiers accords de la tarentelle.

HELMER

Ah!

NORA

Je ne pourrai pas danser demain, si je ne répète pas aujourd'hui avec toi.

HELMER, allant vers elle.

As-tu vraiment si peur, petite Nora?

NORA

Oh! oui! terriblement peur. Laisse-moi répéter tout de suite : nous avons encore du temps avant de nous mettre à table. Assieds-toi là, cher Torvald, et joue. Reprends-moi, donne-moi des conseils, comme tu as l'habitude de le faire.

HELMER

Volontiers, bien volontiers, puisque tu le désires.

Il se met au piano.

NORA. Elle ouvre une boîte, en retire vivement un tambourin et un châle bariolé, se drape en un clin d'œil puis, d'un bond, se pose au milieu de la chambre et s'écrie :

Allons! joue! joue! je veux danser.

Helmer joue, Nora danse, Rank se tient derrière Helmer et la suit des yeux.

HELMER, jouant.

Doucement, doucement.

NORA

Impossible.

HELMER

Moins d'emportement, Nora.

NORA

C'est justement ce qu'il faut.

HELMER

Mais non, cela ne marche pas.

NORA, riant et agitant le tambourin.

Qu'est-ce que je disais?

RANK

Permets-moi de me mettre au piano.

HELMER, se levant.

Très volontiers : comme cela je pourrai mieux la diriger.

Rank se met au piano et joue. Nora exécute une danse de plus en plus folle. Helmer, près de la cheminée, adresse de temps en temps une observation qu'elle semble ne pas entendre. Ses cheveux se dénouent et tombent sur ses épaules. Elle ne s'en aperçoit pas et continue à danser. Mme Linde entre.

MADAME LINDE, s'arrêtant, interdite.

Oh!...

NORA

Tu tombes en pleine folie, Christine.

HELMER

Mais, ma chère Nora, tu danses comme s'il y allait de la vie.

NORA

C'est bien le cas.

HELMER

Arrête, Rank. C'est de la rage. Arrête, te dis-je.

Le piano se tait et Nora s'arrête subitement.

HELMER, à Nora.

Voilà ce que je n'aurais jamais cru : tu as oublié tout ce que je t'avais enseigné.

NORA, jetant le tambourin loin d'elle.

Tu vois bien.

HELMER

Allons, tu as grand besoin d'être guidée.

NORA

Tu vois si j'en ai besoin. Tu me guideras jusqu'au bout : tu me le promets, Torvald?

HELMER

Tu peux t'y fier.

NORA

Ni aujourd'hui ni demain tu ne dois avoir d'autre pensée que moi, tu ne dois ouvrir ni lettre... ni boîte aux lettres.

HELMER

Bon! Je vois encore là la crainte de cet homme.

NORA

Hé bien, oui! Il y a de cela aussi.

HELMER

Nora, je reconnais cela à ta figure; il y a là pour sûr une lettre de lui.

NORA

Je ne sais rien; je le crois; mais il ne faut pas que tu fasses de ces lectures maintenant. Pas une ombre ne doit se mettre entre nous avant que tout soit fini.

RANK, bas à Helmer.

Il ne faut pas la contrarier.

HELMER, lui passant le bras autour de la taille.

Là! enfant, on fera ce que tu veux. Mais demain, quand tu auras dansé...

NORA

Tu seras libre.

LA BONNE, apparaissant à la porte de droite.

Madame est servie.

NORA

Apporte du champagne, Hélène.

LA BONNE

Oui, madame.

Elle sort.

HELMER

Eh! eh! Nous allons faire bombance à ce qu'il paraît.

NORA

Noces et festins jusqu'à demain. (*Criant à la bonne.*) Et un peu de pralines, Hélène; ou plutôt beaucoup; une fois n'est pas coutume.

HELMER, lui prenant les mains.

Allons, allons, c'est très bien. Il ne faut pas être comme cela folle d'effroi. Il faut redevenir ma petite alouette gazouillante comme toujours.

NORA

Oui, Torvald, oui. Mais entre là, en attendant; et vous aussi, docteur. Toi, Christine, tu m'aideras à remettre ma chevelure en ordre.

RANK, bas, en passant dans la salle à manger.

Voyons! tout cela... Cela ne fait rien présager... de spécial?

HELMER

Pas du tout, cher ami. Ce n'est que cette puérile angoisse dont je t'ai parlé.

Ils sortent à droite.

NORA

Alors?

MADAME LINDE

Parti pour la campagne.

NORA

Je l'ai vu à ta figure.

MADAME LINDE

Il rentre demain soir; je lui ai laissé un billet.

NORA

Tu n'aurais pas dû faire cela. Il ne faut rien empêcher. Au fond, c'est une jouissance que d'attendre l'épouvante.

MADAME LINDE

Qu'attends-tu?

NORA

Oh! tu ne comprendrais pas. Va les rejoindre; je viens à l'instant.

NORA reste immobile un moment, comme pour se recueillir, puis elle regarde sa montre.

Il est cinq heures. D'ici à minuit, sept heures. Puis vingt-quatre jusqu'à minuit prochain. Alors la tarentelle sera dansée. Vingt-quatre et sept? J'ai trente et une heures à vivre.

HELMER, à la porte de droite.

Mais que devient donc la petite alouette?

NORA, s'élançant dans ses bras.

La voici!

RIDEAU

# ACTE III

## LE DÉCOR

Même décor. Les meubles, table, chaises et divan ont été transportés au milieu de la chambre. La porte de l'antichambre est ouverte. On entend de la musique de danse venant de l'étage supérieur.

Madame Linde, assise près de la table, feuillette distraitement un livre. Elle essaie de lire, mais ne paraît pas pouvoir fixer sa pensée. Par instants, elle jette un coup d'œil vers la porte d'entrée et écoute attentivement.

MADAME LINDE, regardant sa montre.

Il ne vient pas. Il est grand temps cependant. Pourvu qu'il... (*Elle écoute encore.*) Ah! c'est lui. (*Elle sort dans l'antichambre et ouvre doucement la porte de dehors; on entend monter l'escalier avec précaution. Bas.*) Entrez, je suis seule.

KROGSTAD, à l'entrée.

J'ai reçu un billet de vous. Qu'est-ce que cela veut dire?

MADAME LINDE

Il faut absolument que je vous parle.

KROGSTAD

Vraiment? Et c'est nécessairement ici que l'entretien doit avoir lieu?

MADAME LINDE

Je ne pouvais pas vous recevoir chez moi : je n'ai pas d'entrée séparée. Venez, nous serons seuls : les Helmer sont au bal chez les voisins du second.

KROGSTAD, entrant.

Tiens, tiens! Les Helmer dansent ce soir? C'est bien vrai?

MADAME LINDE

Qu'y a-t-il d'étonnant à cela?

KROGSTAD

Rien.

MADAME LINDE

Voyons, Krogstad, nous avons à causer.

KROGSTAD

Nous deux? Qu'aurions nous encore à nous dire?

MADAME LINDE

Bien des choses.

KROGSTAD

Je ne l'aurais pas cru.

MADAME LINDE

C'est que vous ne m'avez jamais bien comprise.

KROGSTAD

Ce n'était pas difficile à comprendre; pareille chose arrive tous les jours : une femme sans cœur éconduit un homme quand il se présente un parti plus avantageux.

MADAME LINDE

Me croyez-vous donc tout à fait sans cœur? Croyez-vous aussi qu'il ne m'en ait pas coûté de rompre?

KROGSTAD

Vraiment?

MADAME LINDE

Avez-vous réellement cru cela, Krogstad?

KROGSTAD

S'il n'en était pas ainsi, pourquoi m'avez-vous écrit comme vous l'avez fait?

MADAME LINDE

Je ne pouvais pas agir autrement. Voulant rompre, j'avais le devoir d'arracher de votre cœur tout ce que vous ressentiez pour moi.

KROGSTAD, se frottant les mains.

Ah! C'est ainsi!... et tout cela, ce n'était qu'une question d'argent.

MADAME LINDE

Vous ne devez pas oublier que j'avais alors une mère à soutenir et deux petits frères. Nous ne pouvions pas vous attendre : vous n'aviez alors que des perspectives si lointaines.

KROGSTAD

Admettons : cependant vous n'aviez pas le droit de me repousser pour un autre.

MADAME LINDE

Je ne sais pas. Je me suis souvent demandé cela.

KROGSTAD, baissant la voix.

Quand je vous ai perdue, c'est comme si le sol s'était dérobé sous mes pieds. Regardez-moi : je suis comme un naufragé cramponné à une épave.

MADAME LINDE

Le salut n'est peut-être pas loin.

KROGSTAD

Il était là, et vous êtes venue me l'enlever.

MADAME LINDE

Cela a été à mon insu, Krogstad. Aujourd'hui seulement j'ai appris que c'était vous que j'allais remplacer à la Banque.

KROGSTAD

Je vous crois puisque vous me le dites. Mais maintenant que vous le savez, vous n'y renoncerez pas?

MADAME LINDE

Non : cela ne vous servirait à rien.

KROGSTAD

Ah! bah!... je le ferais tout de même à votre place.

MADAME LINDE

J'ai appris à agir raisonnablement. La vie me l'a enseigné, et l'âpre nécessité.

KROGSTAD

Et moi, la vie m'a appris à ne pas me fier aux paroles.

MADAME LINDE

En cela elle vous a donné une très sage leçon. Mais les actions, vous vous y fiez pourtant?

KROGSTAD

Que voulez-vous dire?

MADAME LINDE

Vous êtes, avez-vous dit, un naufragé cramponné à une épave?

KROGSTAD

J'ai de bonnes raisons pour parler ainsi.

MADAME LINDE

Et moi aussi, je suis une naufragée cramponnée à une épave : personne à qui me dévouer, personne qui ait besoin de moi.

KROGSTAD

Vous l'avez voulu.

MADAME LINDE

Je n'avais pas le choix.

KROGSTAD

Où voulez-vous en venir?

MADAME LINDE

Si ces deux naufragés se tendaient la main? Qu'en pensez-vous, Krogstad?

KROGSTAD

Que dites-vous là?

MADAME LINDE

Ne vaut-il pas mieux se réunir sur la même épave?

KROGSTAD

Christine!

MADAME LINDE

Quelle est, croyez-vous, la raison qui m'a amenée ici?

KROGSTAD

Auriez-vous pensé à moi?

MADAME LINDE

Il me faut travailler pour pouvoir supporter l'existence. Tous les jours de la vie, aussi loin que vont mes souvenirs, je les ai passés au travail. C'était ma meilleure et mon unique joie. Maintenant, me voici seule au monde; je sens un abandon, un vide affreux. Ne songer qu'à soi, cela détruit tout le charme du travail. Voyons, Krogstad, trouvez-moi pour qui et pour quoi travailler.

KROGSTAD

Je ne vous crois pas : il n'y a là qu'un orgueil de femme qui s'exalte et veut se sacrifier.

MADAME LINDE

M'avez-vous jamais connue exaltée?

KROGSTAD

Vous feriez ce que vous dites? Avez-vous connaissance de tout mon passé?

MADAME LINDE

Oui.

KROGSTAD

Vous connaissez ma réputation, ce qu'on dit de moi?

MADAME LINDE

Si je vous ai bien compris tout à l'heure, vous pensiez que j'aurais pu vous sauver.

KROGSTAD

J'en suis certain.

MADAME LINDE

N'est-ce pas à refaire?

KROGSTAD

Christine! Vous avez bien réfléchi? Oui, je le vois à votre visage. Ainsi, vous auriez le courage?...

MADAME LINDE

J'ai besoin d'un être à qui tenir lieu de mère, et vos enfants ont besoin d'une mère. Nous aussi, nous sommes poussés l'un vers l'autre. J'ai foi en ce qui gît au fond de vous, Krogstad... avec vous, rien ne me fera peur.

KROGSTAD, lui saisissant les mains.

Merci, Christine, merci... maintenant il s'agit de me relever aux yeux du monde et je saurai le faire. Ah? mais j'oubliais...

MADAME LINDE, écoutant.

Chut! La tarentelle. Sortez, sortez vite!

KROGSTAD

Pourquoi cela?

MADAME LINDE

Vous entendez cette musique : la danse finie, ils vont rentrer.

KROGSTAD

Allons, je m'en vais. D'autant plus que cela ne sert à rien : vous ignorez, bien entendu, ma démarche contre les Helmer.

MADAME LINDE

Vous vous trompez, Krogstad, je la connais.

KROGSTAD

Et vous aviez le courage de...

MADAME LINDE

Je sais où le désespoir peut pousser un homme comme vous.

KROGSTAD

Oh! si je pouvais défaire mon œuvre!

MADAME LINDE

Vous le pouvez : votre lettre est encore là, dans la boîte.

KROGSTAD

Vous en êtes sûre?

MADAME LINDE

Je le sais; mais...

KROGSTAD, la dévisageant.

Est-ce là l'explication? Vous vouliez sauver votre amie à tout prix. Vous feriez mieux de l'avouer franchement. Est-ce vrai?

MADAME LINDE

Ecoutez, Krogstad : quand on s'est une fois vendue pour sauver quelqu'un, on ne recommence plus.

KROGSTAD

Je vais redemander ma lettre.

MADAME LINDE

Mais non.

KROGSTAD

Mais si, cela va de soi : j'attends la rentrée de Helmer et je lui dis que je veux ravoir ma lettre... qu'elle ne traite que de mon congé... qu'il n'a que faire de la lire...

MADAME LINDE

Non, Krogstad, vous ne redemanderez pas cette lettre.

KROGSTAD

Mais cependant... n'est-ce pas pour cela, à vrai dire, que vous m'avez fait venir ici?

MADAME LINDE

Si, dans le premier moment d'alarme. Mais vingt-quatre heures ont passé, et pendant ce temps j'ai vu se passer ici des choses incroyables. Il faut que Helmer sache tout : ce fatal mystère doit se dissiper. Il faut qu'ils s'expliquent : assez de cachotteries et de faux-fuyants.

KROGSTAD

Bien, si vous le prenez sur vous... Mais il y a une chose que je puis faire en tout cas et qu'il faut faire tout de suite...

MADAME LINDE, écoutant.

Dépêchez-vous! Partez!... La danse est finie : nous ne sommes plus en sûreté.

KROGSTAD

Je vous attends en bas.

MADAME LINDE

Bien : vous m'accompagnerez jusqu'à ma porte.

KROGSTAD

Je n'ai jamais été aussi heureux.

Il sort par la porte d'entrée. Celle de l'antichambre reste ouverte jusqu'à la fin.

MADAME LINDE. (Elle range un peu la chambre, et prépare son manteau et son chapeau.)

Quel avenir, quelle perspective nouvelle! Je sais pour qui travailler, pour qui vivre, un foyer à soigner. Ah! c'est que je vais m'y mettre. (*Ecoutant.*) Ah! les voici : vite le manteau.

Elle prend son chapeau et son manteau. On entend les voix de Helmer et de Nora; une clef tourne et Helmer fait entrer Nora presque de force. Elle est en costume italien, enveloppée dans une sorte de grand châle, lui en habit de soirée, un domino noir sur les épaules.

NORA, à l'entrée, résistant.

Non, non, non, je ne veux pas rentrer; je veux remonter, je ne veux pas me retirer si tôt.

HELMER

Voyons, chère Nora...

NORA

Ah! je t'en prie, Torvald, je t'en supplie... rien qu'une heure encore!

HELMER

Pas une minute, chère petite Nora. Tu sais nos conventions. Allons, entre, tu prends froid dehors.

Il la fait entrer malgré sa résistance.

MADAME LINDE

Bonsoir.

NORA

Christine!

HELMER

Quoi, c'est madame Linde? Vous ici, si tard?

MADAME LINDE

Excusez-moi : j'avais une telle envie de voir Nora dans ses beaux atours.

NORA

Tu m'as attendue ici tout ce temps?

MADAME LINDE

Oui, je suis venue malheureusement trop tard, tu étais déjà montée et je n'ai pas voulu partir sans t'avoir vue.

HELMER, enlevant le châle de Nora.

En ce cas, regardez-la bien. Je pense qu'elle en vaut la peine. Elle est jolie, n'est-il pas vrai, madame Linde?

MADAME LINDE

En vérité.

HELMER

Merveilleusement jolie, n'est-ce pas? C'était aussi l'avis de tout le monde, là-haut. Mais qu'elle est entêtée, ce cher petit être! Que faire contre cela? Croiriez-vous que j'ai dû presque employer la force pour qu'elle quitte le bal?

NORA

Ah! Torvald! tu te repentiras de ne pas m'avoir accordé ne fût-ce qu'une demi-heure.

HELMER

Vous entendez, madame. Elle danse sa tarentelle, elle a un succès fou et bien mérité, bien que, peut-être, elle y mît trop de naturel, je veux dire un peu plus que le comportaient les exigences de l'art. Mais enfin, le principal est qu'elle ait eu du succès, un succès colossal. Devais-je la laisser après cela? Cela aurait diminué l'effet. Merci! j'ai pris le bras de ma jolie fillette de Capri, — de ma capricieuse fillette devrais-je dire; vite le tour de la salle; saluts à droite, à gauche — et, comme on lit dans les romances... la belle ombre s'est évanouie. Il faut toujours de l'effet dans les dénouements, madame Linde, c'est ce que je ne puis faire comprendre à Nora. Ouf! qu'il fait chaud ici. (*Il jette son domino sur une chaise et ouvre la porte de sa chambre.*)

Comment? Il n'y a pas de lumière? Ah! c'est vrai. Excusez-moi.

Il entre et allume deux bougies.

NORA, très bas, précipitamment.

Eh bien?

MADAME LINDE, bas.

Je lui ai parlé.

NORA

Alors...

MADAME LINDE

Nora... il faut tout dire à ton mari.

NORA, d'une voix mourante.

Je le savais.

MADAME LINDE

Tu n'as rien à craindre de Krogstad, mais il faut que tu parles.

NORA

Je ne parlerai pas.

MADAME LINDE

C'est donc la lettre qui parlera pour toi.

NORA

Merci, Christine; je sais maintenant ce qu'il me reste à faire. Chut!...

HELMER, rentrant.

Eh bien, madame, l'avez-vous bien admirée?

MADAME LINDE

Oui; et maintenant je vais vous souhaiter bonne nuit.

HELMER

Déjà? C'est à vous ce petit ouvrage?

MADAME LINDE, prenant un bout d'ouvrage tricoté que Helmer lui tend.

Merci; j'allais l'oublier.

HELMER

Vous tricotez donc?

MADAME LINDE

Certainement.

HELMER

Eh bien, vous devriez faire de la broderie.

MADAME LINDE

Vraiment? Pourquoi cela?

HELMER

C'est plus joli. Regardez : on tient la broderie de la main gauche comme ceci, et on fait aller l'aiguille de la main droite, comme cela... vous voyez cette courbe qui se forme, longue et légère?...

MADAME LINDE

C'est bien possible...

HELMER

Tandis que tricoter... cela ne peut jamais être que laid. Regardez les bras collés au corps... les aiguilles allant de bas en haut et de haut en bas... il y a là quelque chose de chinois... Ah! quel émoustillant champagne on a servi!

MADAME LINDE

Bonsoir, Nora, et ne sois plus entêtée.

HELMER

Bien parlé, madame Linde.

MADAME LINDE

Bonsoir, monsieur le directeur.

HELMER, la reconduisant jusqu'à la porte.

Bonsoir, bonsoir; vous retrouverez votre chemin,

j'espère. Je voudrais bien... mais c'est si près. Bonsoir, bonsoir. (*Elle sort, il referme la porte derrière elle et revient.*) Très bien! la voilà partie enfin. Elle est joliment ennuyeuse, cette femme.

NORA

N'es-tu pas très fatigué, Torvald?

HELMER

Non, pas le moins du monde.

NORA

Tu n'as pas sommeil non plus?

HELMER

Pas du tout : je me sens au contraire très éveillé. Et toi? Tu as l'air d'être fatiguée et d'avoir sommeil.

NORA

Oui, je suis très fatiguée. Maintenant je sens que je dormirai bientôt.

HELMER

Tu vois bien. J'avais raison de ne pas vouloir rester plus longtemps.

NORA

Tu as toujours raison dans tout ce que tu fais.

HELMER, la baisant au front.

Voici que l'alouette commence à parler comme un homme. Mais, dis-moi, as-tu remarqué comme Rank était gai ce soir?

NORA

Vraiment? Je n'ai pas eu l'occasion de lui parler.

HELMER

Je ne lui ai presque pas parlé non plus; mais il y a longtemps que je ne l'avais vu de si bonne humeur. (*Il la regarde un instant, puis se rapproche.*) Hum... que c'est bon pourtant d'être rentré chez soi, d'être seul avec toi... Oh! la jolie, l'enivrante petite femme que tu es!

NORA

Ne me regarde pas comme cela, Torvald.

HELMER

Je ne regarderais pas mon plus cher trésor! Cette splendeur qui est à moi, rien qu'à moi, toute à moi!

NORA, gagnant l'autre côté de la table.

Il ne faut pas me parler comme cela ce soir.

HELMER, la suivant.

Tu as encore de la tarentelle dans le sang, à ce que je vois. Et tu n'en es que plus séduisante. Écoute! Voici les invités qui s'en vont. (*Plus bas.*) Nora, bientôt tout se taira dans la maison.

NORA

Oui, j'espère.

HELMER

N'est-ce pas, ma bien-aimée Nora? Oh! quand nous sommes dans le monde comme ce soir... sais-tu pourquoi je te parle si peu, pourquoi je me tiens éloigné de toi, me contentant de te jeter quelquefois un regard à la dérobée, sais-tu pourquoi? C'est que j'aime à me figurer que tu es mon amour secret, ma jeune, ma mystérieuse fiancée et que tous ignorent nos liens.

NORA

Oui, oui, oui, je sais bien que toutes tes pensées vont à moi.

HELMER

Et au départ, quand je pose le châle sur tes épaules fines et juvéniles, que je voile cette nuque merveilleuse, je me figure que tu es ma jeune épousée, que nous revenons des noces, que pour la première fois, je te conduis chez moi et qu'enfin nous allons être seuls... je vais être seul avec toi, ma jeune beauté frissonnante! Durant toute cette soirée, je n'ai fait que soupirer après toi. Quand je t'ai vue dans la tarentelle poursuivre et provoquer... j'ai senti bouillir mon sang, je n'y tenais plus, et c'est pour cela que je t'ai entraînée si tôt...

NORA

Va-t'en, Torvald. Il faut me quitter. Je ne veux pas de cela.

HELMER

Qu'est-ce à dire? Tu te moques de moi, petite Nora. Tu ne veux pas, dis-tu? Ne suis-je pas ton mari?...

On frappe à la porte d'entrée.

NORA, tressaillant.

As-tu entendu?...

HELMER, passant dans l'antichambre.

Qui est là?

LE DOCTEUR RANK, du dehors.

C'est moi. Puis-je entrer un moment?

HELMER, d'un ton maussade.

Qu'est-ce qu'il veut donc, celui-là? (*Haut.*) Attends un peu. (*Il va ouvrir.*) Allons, c'est gentil à toi de ne pas passer devant notre porte sans frapper.

RANK

J'ai cru entendre ta voix; alors j'ai voulu entrer un instant. (*Jetant un coup d'œil autour de lui.*) Le voici donc, ce foyer si cher, si familier. Vous avez chez vous la paix et le bien-être, heureux que vous êtes.

HELMER

Tu ne paraissais pas te déplaire là-haut non plus.

RANK

Je m'y plaisais extrêmement. Et pourquoi pas?

Pourquoi ne pas jouir de tout ici-bas? Au moins tant et si longtemps qu'on peut. Le vin était exquis...

HELMER

Le champagne surtout.

RANK

Tu l'as remarqué aussi? C'est incroyable ce que j'en ai vidé.

NORA

Torvald aussi a pris beaucoup de champagne ce soir.

RANK

Vraiment?

NORA

Oui, et cela le rend toujours si drôle.

RANK

Eh bien, pourquoi ne passerait-on pas une bonne soirée après une journée bien employée?

HELMER

Bien employée? Je ne puis malheureusement pas m'en vanter aujourd'hui.

RANK, *lui tapant sur l'épaule.*

Mais je m'en vante, moi, sais-tu!

NORA

Docteur Rank, vous avez dû étudier quelque cas scientifique, aujourd'hui.

RANK

Justement.

HELMER

Tiens, tiens, la petite Nora qui parle de cas scientifiques?

NORA

Et peut-on vous féliciter du résultat?

RANK

Certainement oui.

NORA

Un succès?

RANK

Le meilleur pour le médecin, comme pour le malade : la certitude.

NORA, *vivement, le scrutant des yeux.*

La certitude?

RANK

Une certitude entière. N'avais-je pas droit à une joyeuse soirée après cela?

NORA

Sans doute, docteur.

HELMER

C'est également mon avis : pourvu qu'il ne t'en cuise pas demain.

RANK

Tout se paie dans cette vie.

NORA

Docteur... vous devez bien aimer les mascarades.

RANK

Oui, quand on y rencontre beaucoup de costumes grotesques.

NORA

Voyons : quel costume mettrons-nous la prochaine fois, vous et moi?

HELMER

La petite folle! Elle songe déjà à la prochaine mascarade?

RANK

Vous et moi? Je vais vous dire : vous serez en mascotte.

HELMER

Très bien, mais trouve un joli costume de mascotte.

RANK

Que ta femme se montre telle que nous la voyons tous les jours.

HELMER

Bien trouvé! Mais toi, as-tu une idée de ton propre costume?

RANK

Quant à cela, mon cher ami, c'est bien arrêté.

HELMER

Voyons.

RANK

A la prochaine mascarade, je serai en invisible.

HELMER

Quelle farce!

RANK

Il y a un grand chapeau... As-tu entendu parler d'un chapeau qui rend invisible? On le met sur sa tête et personne ne nous voit.

HELMER, réprimant un sourire.

Bien, bien, tu as raison.

RANK

Mais j'oublie entièrement pourquoi je suis venu.

Helmer, donne-moi un cigare, un de tes havanes foncés.

HELMER

Avec le plus grand plaisir.

Il lui présente l'étui.

RANK, prenant un cigare et coupant la pointe.

Merci.

NORA, frottant une allumette.

Laissez-moi vous offrir du feu.

RANK

Merci. (*Elle approche l'allumette; il allume le cigare.*) Et maintenant, adieu!

HELMER

Adieu, adieu, mon cher ami.

NORA

Dormez bien, docteur Rank.

RANK

Je vous remercie pour ce souhait.

NORA

Souhaitez-moi la même chose.

RANK

A vous? Allons! puisque vous le voulez... Dormez bien. Et merci pour le feu.

Il les salue d'un signe de tête et sort.

HELMER, contenant sa voix.

Il avait joliment bu.

NORA, distraite.

Peut-être bien...

Helmer sort ses clefs de sa poche et passe dans l'antichambre.

NORA

Torvald, que vas-tu faire?

HELMER

Je veux vider la boîte aux lettres : elle est toute pleine; il n'y aura pas de place pour les journaux demain matin...

NORA

Tu veux travailler cette nuit?

HELMER

Tu sais bien que non... Qu'est-ce à dire? On a touché à la serrure.

NORA

A la serrure?...

HELMER

Il n'y a pas de doute. Qu'est-ce que cela peut signifier? Je ne puis croire que les bonnes?... Voici un bout d'épingle à cheveux. Nora, c'est une de tes épingles.

NORA, vivement.

Ce sont peut-être les enfants...

HELMER

Tu devrais vraiment leur ôter cette habitude. Hm, hm... allons, la voici ouverte tout de même. (*Il prend le contenu de la boîte et appelle.*) Hélène?... Hélène! éteignez la lampe de l'entrée.

Il rentre et ferme la porte de l'antichambre.

HELMER, tenant les lettres.

Regarde : comme il y en a. (*Il examine les enveloppes.*) Qu'est-ce que c'est que cela?

NORA, à la fenêtre.

Cette lettre! Non, non, Torvald!

HELMER

Deux cartes de visite... de Rank.

NORA

Du docteur?

HELMER, les regardant.

Rank, docteur en médecine. Elles étaient sur les lettres... il les aura jetées en sortant.

NORA

Y a-t-il quelque chose d'écrit?

HELMER

Il y a une grande croix au-dessus du nom. Regarde. Quelle vilaine plaisanterie! C'est comme s'il faisait part de sa propre mort.

NORA

C'est ce qu'il fait en réalité.

HELMER

Quoi? Que sais-tu? T'aurait-il dit quelque chose?

NORA

Oui. Les cartes signifient qu'il a pris congé de nous pour toujours. Il veut s'enfermer et mourir.

HELMER

Mon pauvre ami! Je savais que je ne le garderais pas longtemps. Mais si tôt que cela. Et il va se cacher, comme un animal blessé.

NORA

Si cela doit se faire, il vaut mieux que cela se fasse sans une parole. N'est-ce pas, Torvald?

HELMER, arpentant la chambre.

Il était devenu de la famille. Je ne puis me le représenter parti. Avec ses souffrances, avec son humeur solitaire, il constituait comme un fond d'ombre au tableau ensoleillé de notre bonheur... Allons, cela vaut peut-être mieux. Du moins pour lui. (*Il s'arrête.*) Et peut-être aussi pour nous, Nora. Maintenant, nous voici exclusivement voués l'un à l'autre. (*Il la prend dans ses bras.*) Ah! ma bien-aimée, ma femme; je ne te serrerai jamais assez étroitement. Tu sais, Nora... souvent je te voudrais menacée d'un danger, pour pouvoir exposer ma vie, donner mon sang, risquer tout, tout pour te protéger.

**NORA, se dégageant, d'une voix ferme et résolue.**

Maintenant, lis tes lettres, Torvald.

HELMER

Non, non, pas cette nuit... Je veux rester avec toi, ma chère petite femme.

NORA

Avec l'idée de ce mort, de ton ami?...

HELMER

Tu as raison. Cela nous a remués tous les deux. Quelque chose de laid s'est glissé entre nous : l'idée de la mort et de la dissolution. Il faut que nous cherchions à nous en affranchir. Jusque-là... Nous allons nous retirer chacun chez soi.

**NORA, se jetant à son cou.**

Bonsoir, Torvald... bonsoir!

**HELMER, la baisant au front.**

Bonsoir, mon petit oiseau chanteur. Dors en paix, Nora. Je vais parcourir les lettres.

**Il passe dans sa chambre, emportant les lettres, et referme la porte derrière lui.**

**NORA, tâtonnant autour d'elle, les yeux hagards, saisit le domino de Helmer et s'en enveloppe, en disant d'une voix brève, râlante, saccadée.**

Plus jamais le revoir. Jamais, jamais, jamais. (*Elle met son châle sur la tête.*) Et les enfants : ne plus les revoir, eux non plus. Oh! cette eau glacée, noire. Oh! cette chose... cette chose sans fond... Ah! si c'était passé seulement! Maintenant il la prend, il la lit. Non, non, pas encore. Adieu, Torvald, toi et les enfants.

**Elle se précipite vers la porte d'entrée. Au même moment Helmer ouvre violemment celle de sa chambre et paraît, une lettre dépliée à la main.**

HELMER

Nora!

NORA, jetant un cri perçant.

Ah!

HELMER

Que veut dire?... Sais-tu ce que contient cette lettre?

NORA

Oui, je le sais. Laisse-moi partir! Laisse-moi m'en aller!

HELMER, la retenant.

Où vas-tu?

NORA, essayant de se dégager.

Tu ne me sauveras pas, Torvald.

HELMER, se reculant.

C'est donc vrai! Cette lettre dit vrai? Horreur! Non, non, c'est impossible, cela ne se peut pas.

NORA

C'est la vérité. Je t'ai aimé plus que tout au monde.

HELMER

Ah! trêve de niaiseries!

NORA, faisant un pas vers lui.

Torvald!...

HELMER

Malheureuse! qu'as-tu osé faire?

NORA

Laisse-moi partir. Tu ne porteras pas le poids de ma faute, tu ne répondras pas pour moi.

HELMER

Pas de comédies! (*Il ferme la porte de l'anticham-*

*bre.)* Tu resteras là, et tu me rendras compte de tes actes. Comprends-tu ce que tu as fait? Dis, le comprends-tu?

NORA le regarde avec une raideur croissante dans l'expression et dit d'une voix mate.

Oui, maintenant je commence à comprendre le fond des choses.

HELMER, marchaht, agité, à travers la chambre.

Oh! le terrible réveil! Huit années durant... elle, ma joie et mon orgueil... une hypocrite, une menteuse... pire que cela, une criminelle! Quel abîme de laideur que tout cela! Fi, l'horreur!

NORA, muette, continue à le regarder fixement.

HELMER, s'arrêtant devant elle.

J'aurais dû pressentir qu'il arriverait quelque chose de ce genre. J'aurais dû prévoir cela. Avec la légèreté des principes de ton père... et ces principes tu en as hérité. Absence de religion, absence de morale, absence de tout sentiment de devoir... Oh! que je suis puni d'avoir jeté un voile sur sa conduite. C'est pour toi que je l'ai fait. Et voilà comment tu me récompenses.

NORA

Oui, voilà.

HELMER

Maintenant tu as détruit mon bonheur, tu as anéanti tout mon avenir. Je ne puis y penser sans frémir. Me voici dans les mains d'un homme sans scrupules : il peut faire avec moi tout ce qu'il veut, me demander quoi que ce soit, commander, ordonner à sa guise, sans que j'ose souffler mot. Ainsi je puis être réduit à rien, coulé à fond par la légèreté d'une femme.

NORA

Quand j'aurai quitté ce monde, tu seras libre.

HELMER

Ah! pas de grands mots. Ton père aussi en avait

toute une provision. A quoi cela me servirait-il, si tu quittais ce monde, comme tu dis? A rien. Il pourrait ébruiter la chose malgré cela, et, en ce cas, on me soupçonnerait peut-être d'avoir été complice de ta criminelle action. On pourrait croire que j'en ai été l'instigateur, que c'est moi qui t'ai poussée. Et c'est à toi que je dois cela, à toi que j'ai portée sur les bras à travers toute notre vie commune. Comprends-tu maintenant ce que tu as fait?

NORA, calme et froide.

Oui.

HELMER

Tout cela est si incroyable que je ne m'y retrouve pas. Mais il faut aviser. Ote ce châle. Ote-le, te dis-je! Il faut que je le contente d'une façon ou d'une autre. Il s'agit d'étouffer l'affaire à tout prix. Et, en ce qui concerne notre intérieur, rien ne doit sembler changé entre nous. Il ne s'agit, bien entendu, que des apparences. Tu continueras donc à demeurer ici : cela va sans dire. Mais il te sera interdit d'élever les enfants... je n'ose pas te les confier. Ah! devoir parler ainsi à celle que j'ai tant aimée et qui encore...! Allons, tout cela est passé, il le faut. Dorénavant il ne s'agit plus de bonheur. Mais uniquement de sauver des restes, des débris, des apparences...

On sonne à la porte d'entrée.

HELMER, tressaillant.

Qu'est-ce que c'est? Si tard! Horreur! Serait-ce déjà?... Aurait-il?... Cache-toi, Nora! Dis-toi malade.

Nora ne bouge pas. Helmer va ouvrir la porte.

LA BONNE, à moitié dévêtue, dans l'antichambre.

Une lettre pour madame.

HELMER

Donnez-la-moi. (*Il saisit la lettre et ferme la porte.*) Oui, elle est bien de lui. Tu ne l'auras pas. Je veux la lire moi-même.

NORA

Lis.

HELMER, s'approchant de la lampe.

J'en ai à peine le courage. Peut-être sommes-nous pris l'un et l'autre. Non, il faut que je sache. (*Il ouvre vivement la lettre, parcourt quelques lignes, examine un papier inclus dans l'enveloppe et pousse un cri de joie.*) Nora!

NORA, l'interrogeant du regard.

HELMER

Nora!... Non, relisons encore!... C'est bien cela! Je suis sauvé! Nora, je suis sauvé!

NORA

Et moi?

HELMER

Toi aussi, bien entendu. Nous sommes sauvés l'un et l'autre. Regarde. Il te restitue ton reçu. Il regrette, dit-il, il se repent... un heureux événement venant à changer son existence... ah! peu importe ce qu'il écrit. Nous sommes sauvés, Nora! Personne ne peut plus te nuire. Ah! Nora, Nora... non, détruisons d'abord toutes ces horreurs. Laisse-moi voir... (*Il jette un coup d'œil sur le reçu.*) Non, je ne veux plus rien voir; j'aurai fait un mauvais rêve : voilà tout. (*Il déchire les deux lettres et le reçu, jette le tout dans la cheminée et regarde brûler le papier.*) Tiens! tout a disparu. Il t'écrivait que, depuis la veille de Noël, tu... Oh! ces trois jours, quelle épreuve cela a dû être pour toi, Nora!

NORA

J'ai soutenu une lutte violente durant ces trois jours.

HELMER

Et tu t'es désespérée; tu ne voyais pas d'autre issue que... Non, nous ne garderons plus aucun souvenir de tous ces dégoûts. Nous allons fêter notre délivrance en répétant sans cesse : C'est fini.

Ecoute-moi donc, Nora; tu ne parais pas comprendre : c'est fini. Mais que veut dire cette raideur? Oh! ma pauvre petite Nora, je comprends... Tu sembles ne pas croire que je t'ai pardonné. C'est pourtant vrai, Nora; je te le jure : tout est pardonné. Je sais bien que ce que tu as fait, tu l'as fait par amour pour moi.

NORA

C'est vrai.

HELMER

Tu m'as aimé comme une femme doit aimer son mari. Seulement, le choix des moyens c'est ce qui t'échappait. Mais crois-tu que tu me sois moins chère, parce que tu ne peux pas te guider toi-même? Non, non, appuie-toi sur moi : tu trouveras aide et direction. Je ne serais pas un homme si ton incapacité de femme ne te rendait pas doublement séduisante à mes yeux. Oublie les dures paroles que je t'ai dites dans les premiers moments d'effroi, quand je croyais que tout allait s'écrouler sur moi. Je t'ai pardonné, Nora, je te jure que je t'ai pardonné.

NORA

Je te remercie de ton pardon.

Elle sort par la porte de droite.

HELMER

Non, reste ici... (*Il la suit des yeux.*) Pourquoi te diriges-tu vers la chambre?

NORA, dans sa chambre.

Pour ôter ce costume de mascarade.

HELMER, près de la porte restée ouverte.

Bien; repose-toi, essaie de calmer ton esprit, de te remettre de cette alerte, petit oiseau effarouché. Repose en paix, j'ai de larges ailes pour te protéger. (*Marchant, sans s'éloigner de la porte.*) Oh! que nous avons un calme et charmant intérieur, Nora. Ici tu es à l'abri : je te garderai comme une colombe que j'aurais recueillie, après l'avoir retirée saine et sauve des griffes du vautour. Je saurai apaiser ton pauvre cœur qui palpite. Peu à peu j'y réussirai, crois-moi, Nora. Demain, tout cela t'apparaîtra sous un autre jour. Tout redeviendra comme par le passé. Je n'aurai pas besoin de t'affirmer sans cesse que je t'ai pardonné. Tu le sentiras toi-même. Comment peux-tu croire que j'aille te repousser ou même te faire des reproches? Ah! tu ne sais pas ce que c'est qu'un vrai cœur d'homme, Nora. Il y a pour un homme une telle douceur, un si grand contentement dans la conscience, d'avoir pardonné vraiment, du fond du cœur. C'est comme une seconde possession, comme une création nouvelle; ce n'est plus sa femme seulement qu'on voit dans l'être pardonné, c'est aussi son enfant. C'est ainsi que tu me paraîtras à l'avenir, petite créature effarée, sans boussole. Ne t'inquiète de rien, Nora; sois seulement franche envers moi, et je te tiendrai lieu de volonté et de conscience. Qu'est-ce à dire? Tu n'es pas couchée? Tu t'es rhabillée?

NORA, qui a remis sa robe de tous les jours.

Oui, Torvald, je me suis rhabillée.

HELMER

Pourquoi cela, à cette heure?

NORA

Cette nuit je ne compte pas dormir!

HELMER

Mais, ma chère Nora...

NORA, regardant sa montre.

Il n'est pas si tard encore. Assieds-toi, Torvald. Nous avons à causer.

HELMER

Nora... qu'est-ce que cela signifie? Cet air de raideur...

NORA

Assieds-toi. L'entretien sera long. Nous avons beaucoup à nous dire.

HELMER, s'asseyant vis-à-vis d'elle.

Tu m'inquiètes, Nora. Je ne te comprends pas.

NORA

Tu dis vrai : tu ne me comprends pas. Et moi aussi, je ne t'ai jamais compris... avant ce soir. Ne m'interromps pas. Ecoute ce que je te dis... Il s'agit de régler nos comptes.

HELMER

Comment l'entends-tu?

NORA, après un instant de silence.

Nous voici là, l'un en face de l'autre. N'es-tu pas frappé d'une chose?

HELMER

Que veux-tu dire?

NORA

Voilà huit ans que nous sommes mariés. Réfléchis un peu : n'est-ce pas la première fois que nous deux, tels que nous sommes, mari et femme, nous causons sérieusement ensemble?

HELMER

Sérieusement, oui... Qu'est-ce que cela veut dire?

NORA

Huit années ont passé... et même plus, en comptant depuis notre première rencontre, et nous n'avons jamais échangé une parole sérieuse sur un sujet grave.

HELMER

Aurais-je dû t'initier à mes soucis que tu n'aurais pas pu soulager?

NORA

Je ne parle pas de soucis. Je veux dire, que jamais, en quoi que ce soit, nous n'avons cherché en commun à voir le fond des choses.

HELMER

Mais voyons, ma chère Nora : était-ce là une occupation pour toi?

NORA

Nous y voilà! Tu ne m'as jamais comprise... On a été très injuste envers moi, Torvald : papa d'abord, toi ensuite.

HELMER

Quoi? Nous deux!... Mais qui donc t'a aimée autant que nous?

NORA, secouant la tête.

Vous ne m'avez jamais aimée. Il vous a semblé amusant d'être en adoration devant moi, voilà tout.

HELMER

Voyons, Nora, que veut dire ce langage?

NORA

C'est ainsi, Torvald : quand j'étais chez papa, il m'exposait ses idées et je les partageais. Si j'en avais d'autres, je les cachais. Il n'aurait pas aimé cela. Il m'appelait sa petite poupée et jouait avec moi comme je jouais avec mes poupées. Puis, je suis venue chez toi...

HELMER

Tu as de singulières expressions pour parler de notre mariage.

NORA, sans changer de ton.

Je veux dire que, des mains de papa, j'ai passé dans les tiennes. Tu as tout arrangé à ton goût et ce goût je le partageais, ou bien je faisais semblant, je ne sais pas au juste; l'un et l'autre peut-être, tantôt ceci, tantôt ça. En jetant maintenant un regard en arrière, il me semble que j'ai vécu ici comme vivent les pauvres gens... au jour le jour. J'ai vécu des pirouettes que je faisais pour toi, Torvald. Mais cela te convenait. Toi et papa, vous avez été bien coupables envers moi. A vous la faute, si je ne suis bonne à rien.

HELMER

Tu es absurde, Nora, absurde et ingrate. N'as-tu pas été heureuse ici?

NORA

Jamais. J'ai cru l'être, mais je ne l'ai jamais été.

HELMER

Tu n'as pas... tu n'as pas été heureuse!

NORA

Non; j'ai été gaie, voilà tout. Tu étais si gentil envers moi : mais notre maison n'a pas été autre chose qu'une salle de récréation. J'ai été poupée-femme chez toi, comme j'avais été poupée-enfant chez papa. Et nos enfants, à leur tour, ont été mes poupées à moi. Je trouvais drôle quand tu jouais avec moi, comme ils trouvaient drôle quand je jouais avec eux. Voilà ce qu'a été notre union, Torvald.

HELMER

Il y a quelque chose de vrai dans ce que tu dis... bien que tu exagères et amplifies beaucoup. Mais à l'avenir cela changera. Le temps de la récréation est passé, maintenant vient celui de l'éducation.

NORA

L'éducation de qui, la mienne ou celle des enfants?

HELMER

L'une et l'autre, chère Nora.

NORA

Hélas! Torvald, tu n'es pas homme à m'élever pour faire de moi la véritable épouse qu'il te faut.

HELMER

C'est toi qui dis cela?

NORA

Et moi... comment suis-je préparée à élever les enfants?

HELMER

Nora!

NORA

Ne le disais-tu pas tout à l'heure... que c'est une tâche que tu n'oses me confier?

HELMER

Je l'ai dit dans un instant d'irritation. Vas-tu maintenant relever cela?

NORA

Mon Dieu! tu l'as très bien dit. C'est là une tâche au-dessus de ma portée. Il en est une autre dont je dois m'acquitter d'abord. Je veux songer avant tout à m'élever moi-même. Tu n'es pas homme à me faciliter cette tâche. Je dois l'entreprendre seule. Voilà pourquoi je vais te quitter.

HELMER, se levant d'un bond.

Que dis-tu là?

NORA

Il me faut être seule pour me rendre compte de moi-même et de tout ce qui m'entoure. Aussi ne puis-je rester avec toi.

HELMER

Nora! Nora!

NORA

Je veux m'en aller tout de suite. Je trouverai bien un abri chez Christine cette nuit...

HELMER

Tu perds l'esprit! Tu n'as pas le droit de t'en aller. Je te le défends.

NORA

Tu ne peux rien me défendre désormais. J'emporte tout ce qui est à moi. De toi je ne veux rien tenir, ni maintenant, ni jamais.

HELMER

Que veut dire cette folie?

NORA

Demain je pars pour chez moi; je parle de mon pays d'origine... J'y trouverai plus facilement à vivre.

HELMER

Aveugle que tu es, pauvre être sans expérience!

NORA

Je chercherai à me créer de l'expérience, Torvald.

HELMER

Abandonner ton foyer, ton mari, tes enfants! Tu ne songes pas à ce qu'on en dira?

NORA

Je ne puis pas m'arrêter à cela. Je sais seulement que, pour moi, c'est indispensable.

HELMER

Ah! c'est révoltant! Ainsi tu trahirais les devoirs les plus sacrés!

NORA

Que considères-tu comme mes devoirs les plus sacrés?

HELMER

Ai-je besoin de te le dire? Ce sont tes devoirs envers ton mari et tes enfants.

NORA

J'en ai d'autres tout aussi sacrés.

HELMER

Tu n'en as pas. Quels seraient ces devoirs?

NORA

Mes devoirs envers moi-même.

HELMER

Avant, tu es épouse et mère.

NORA

Je ne crois plus à cela. Je crois qu'avant tout je suis un être humain, au même titre que toi... ou au moins que je dois essayer de le devenir. Je sais que la plupart des hommes te donneront raison, Torvald, et que ces idées-là sont imprimées dans les livres. Mais je n'ai plus le moyen de songer à ce que disent les hommes et à ce qu'on imprime dans les livres. Il faut que je me fasse moi-même des idées là-dessus, et que j'essaie de me rendre compte de tout.

HELMER

Quoi! tu ne te rendrais pas compte de ta place au foyer? N'as-tu pas dans ces questions un guide infaillible? N'as-tu pas la religion?

NORA

Hélas! Torvald! La religion, je ne sais pas au juste ce que c'est.

HELMER

Tu ne sais pas ce que c'est?

NORA

Je ne sais que ce que m'en a dit le pasteur Hansen en me préparant à la confirmation. La religion, c'est ceci, c'est cela. Quand je serai seule et affranchie, je vais examiner cette question comme les autres. Je verrai si le pasteur disait vrai, ou du moins si ce qu'il m'a dit était vrai par rapport à moi.

HELMER

Ah! voilà qui est inouï de la part d'une si jeune femme! Mais si la religion ne peut pas te guider, laisse-moi du moins sonder ta conscience. Car je suppose que tu possèdes du moins le sens moral? Ou peut-être en es-tu dépourvue : réponds-moi.

NORA

Vois-tu, Torvald, il m'est difficile de répondre. Je

n'en sais rien. Je ne puis pas me retrouver dans tout cela. Je ne sais qu'une chose : c'est que mes idées diffèrent entièrement des tiennes. J'apprends aussi que les lois ne sont pas ce que je croyais; mais que ces lois soient justes, c'est ce qui ne peut m'entrer dans la tête. Une femme n'aurait pas le droit d'épargner un souci à son vieux père mourant ou de sauver la vie à son mari! Cela ne se peut pas.

HELMER

Tu parles comme un enfant; tu ne comprends rien à la société dont tu fais partie.

NORA

Non, je n'y comprends rien. Mais je veux y arriver et m'assurer qui des deux a raison, de la société ou de moi.

HELMER

Tu es malade, Nora, tu as la fièvre. Je croirais presque que tu n'es pas dans ton bon sens.

NORA

Je me sens cette nuit plus lucide et plus sûre de moi que je ne l'ai jamais été.

HELMER

Et c'est avec cette assurance et en toute lucidité que tu abandonnes ton mari et tes enfants?

NORA

Oui.

HELMER

Il n'y a qu'une explication possible.

NORA

Laquelle?

HELMER

Tu ne m'aimes plus.

NORA

C'est bien cela; voilà en effet le nœud de tout.

HELMER

Nora!... Et c'est ainsi que tu le dis!

NORA

Cela me fait tant de peine, Torvald; car tu as toujours été si bon envers moi. Mais je n'y puis rien : je ne t'aime plus.

HELMER, s'efforçant de garder contenance.

Cela aussi, n'est-ce pas, tu en es parfaitement convaincue?

NORA

Absolument. Et voilà pourquoi je ne veux plus demeurer ici.

HELMER

Et peux-tu m'expliquer comment j'ai perdu ton amour?

NORA

Certainement. C'est ce soir, quand je n'ai pas vu s'accomplir le prodige espéré. J'ai vu alors que tu n'étais pas l'homme que je croyais.

HELMER

Explique-toi : je ne comprends pas.

NORA

Pendant huit années j'ai patiemment attendu. Je savais bien, mon Dieu, que les prodiges ne s'accomplissent pas tous les jours. Enfin vint cette heure d'angoisse. Je pensai alors avec certitude : voici venir le prodige. Pendant que la lettre de Krogstad était là dans la boîte, je n'ai pas songé un instant que tu pouvais te plier aux conditions de cet homme. Je croyais si fermement que tu lui dirais : Allez, et publiez tout. Et quand cela aurait eu lieu...

HELMER

Eh bien oui!... quand j'aurais livré ma femme à la honte et au mépris?...

NORA

Quand cela aurait eu lieu, et j'étais entièrement sûre que tu allais paraître, prendre tout sur toi et dire : Je suis coupable.

HELMER

Nora!...

NORA

Tu vas dire que je n'aurais pas accepté un tel sacrifice. Sans doute. Mais qu'aurait signifié mon affirmation à côté de la tienne?... Eh bien, c'était là le prodige que j'espérais avec terreur. Et c'est pour empêcher cela que je voulais mourir.

HELMER

C'est avec bonheur, Nora, que j'aurais travaillé pour toi nuit et jour. J'aurais tout supporté, soucis et privations. Mais il n'y a personne qui offre son honneur pour l'être qu'il aime.

NORA

Des milliers de femmes l'ont fait.

HELMER

Eh! tu penses comme un enfant, et tu parles de même.

NORA

Admettons. Mais tu ne penses pas, toi, et tu ne parles pas comme l'homme qu'il me serait possible de suivre. Une fois rassuré, non sur le danger qui me menaçait, mais sur celui que tu courais toi-même... tu as tout oublié. Je suis redevenue ton petit oiseau chanteur, ta poupée que tu étais tout prêt à porter dans tes bras comme avant, avec d'autant plus de précautions que tu l'avais reconnue plus fragile. (*Se levant.*) Ecoute, Torvald : en ce moment-là, il me parut que j'avais vécu huit années dans cette maison avec un étranger et que j'avais eu trois enfants... Ah! je ne puis seulement pas y penser! J'ai envie de me déchirer moi-même en mille morceaux.

HELMER, sourdement.

Je le vois, hélas, je le vois bien. Un abîme s'est creusé entre nous. Mais ne peut-il être comblé?

NORA

Telle que je suis maintenant, je ne puis être ta femme.

HELMER

J'ai la force de me transformer.

NORA

Peut-être... si on t'enlève ta poupée.

HELMER

Se séparer... se séparer de toi! Non, non, Nora, je ne puis accepter cette idée.

NORA, se dirigeant vers la porte de droite.

Raison de plus pour en finir.

Elle sort et revient avec son manteau, son chapeau et un petit sac de voyage qu'elle pose sur une chaise près de la table.

HELMER

Pas encore, Nora, pas encore! Attends demain.

NORA, mettant son manteau.

Je ne puis passer la nuit sous le toit d'un étranger.

HELMER

Mais ne pouvons-nous continuer à vivre ensemble comme frère et sœur?

NORA, attachant son chapeau.

Tu sais bien que cela ne durerait pas longtemps. (*Jetant son châle sur les épaules.*) Adieu, Torvald. Je ne veux pas voir les enfants. Je les sais dans de meilleures mains que les miennes. Telle que je suis maintenant... je ne puis pas être une mère pour eux.

HELMER

Mais un jour, Nora... un jour?

NORA

Comment te répondre? Je ne sais pas ce que je deviendrai.

HELMER

Mais tu es ma femme, quoi que tu sois ou que tu deviennes.

NORA

Ecoute, Torvald. Quand une femme quitte le domicile conjugal, comme je fais aujourd'hui, les lois, m'a-t-on dit, dénouent le mari de tout engagement envers elle. Je sais en tout cas que moi je t'en tiens quitte. Il ne faut pas que tu te sentes lié, pas plus que je ne le demeure moi-même. Liberté entière de part et d'autre. Tiens, voici ton anneau : rends-moi le mien.

HELMER

Cela aussi?

NORA

Oui.

HELMER

Tiens.

NORA

Merci. Maintenant tout est fini. Je laisse les clefs là. Pour ce qui concerne le ménage, la bonne est au fait... elle l'est mieux que moi. Demain, après mon départ, Christine viendra ranger dans une malle tout ce que j'ai apporté avec moi en venant ici. Je veux qu'on me l'expédie.

HELMER

Tout est fini! Ne veux-tu plus jamais penser à moi, Nora?

NORA

Je penserai souvent à toi, bien sûr, et aux enfants, et à la maison.

HELMER

Puis-je t'écrire, Nora?

NORA

Non! Jamais. Je te le défends.

HELMER

Oh! mais je puis bien t'envoyer...

NORA

Rien, rien.

HELMER

... T'aider, si tu en as besoin.

NORA

Non, te dis-je! Je n'accepte rien d'un étranger.

HELMER

Nora... ne serai-je plus jamais qu'un étranger pour toi?

NORA, prenant son sac de voyage.

Ah! Torvald, il faudrait pour cela le plus grand des prodiges.

HELMER

Mais moi je veux y croire. Nomme-le! Nous devrons nous transformer à un tel point que...

NORA

A tel point que notre union devienne un vrai mariage. Adieu.

Elle sort par la porte d'entrée.

HELMER, s'affaissant sur une chaise, près de la porte, et se couvrant le visage des deux mains.

Nora, Nora! (*Il relève la tête et regarde autour de lui.*) Partie! Elle est partie! (*Avec un espoir naissant.*) Le plus grand des prodiges...?.!

On entend au-dehors le bruit de la porte de la maison qui se referme.

# LES REVENANTS

*Drame en trois actes.*

TRADUCTION DE M. PROZOR.

*Les Revenants* avec *Maison de Poupée* ont paru la première fois en France, dans la traduction du comte Prozor, préfacés par Edouard Rod. C'est cette traduction que nous donnons, très légèrement mise au goût du jour.

Mais c'est dans la traduction d'un certain M. Louis de Hessem (derrière lequel Antoine voyait un pseudonyme), un peu trop accablée de longueurs, et revue par Rodolphe Darzens, que *les Revenants* furent joués dans la salle des Menus Plaisirs.

Voici le texte de l'affiche pour la création en France de cette pièce.

*LES REVENANTS*

d'Henrik Ibsen

représentés pour la première fois
par le Théâtre Libre
dans la *Salle des Menus Plaisirs*
le 30 mai 1890

| | |
|---|---|
| HÉLÈNE ALWING ......... | Mme Barny |
| OSWALD ................ | M. Antoine |
| LE PASTEUR MANDERS .... | M. Arquillière |
| ENGSTRAND ............. | M. Janvier |
| RÉGINE ................ | Mlle Luce Colas |

## PERSONNAGES

MADAME HÉLÈNE ALVING, *veuve d'un capitaine et chambellan du roi.*
OSWALD ALVING, *son fils, peintre.*
Le pasteur MANDERS.
ENGSTRAND, *menuisier.*
RÉGINE ENGSTRAND, *domestique de Mme Alving.*

*La scène se passe à la campagne, chez Mme Alving, au bord d'un des grands fjords de la Norvège septentrionale.*

# ACTE PREMIER

## LE DÉCOR

Une vaste pièce prenant jour sur le jardin. Porte à gauche. Deux portes à droite. Au milieu de la pièce une table ronde entourée de chaises; sur la table des livres, revues et journaux. Au premier plan à gauche, une fenêtre devant laquelle est placé un petit sofa et une table à ouvrage. Au fond, un jardin d'hiver vitré, ouvert en baie sur la pièce. A droite du jardin d'hiver, une porte par laquelle on sort pour descendre sur la grève. Derrière les vitres, le fjord apparaît, mélancolique, à travers un voile de pluie.

Engstrand se tient devant la porte qui mène au jardin. Il a la jambe gauche plus courte que l'autre et, sous le pied, une semelle de bois. Régine, un arrosoir à la main, cherche à l'empêcher d'avancer.

RÉGINE, *à demi-voix.*

Qu'est-ce que tu veux? Tiens-toi donc tranquille. Tu es tout dégouttant de pluie.

ENGSTRAND

C'est la pluie du bon Dieu, mon enfant.

RÉGINE

Dis plutôt une pluie du diable.

ENGSTRAND

Bon Jésus, comme tu parles, Régine. *(Il fait quelques pas en boitant.)* Écoute, je voulais te dire...

RÉGINE

Voyons! ne fais donc pas tout ce bruit avec ton pied! Le jeune maître dort là-haut, juste au-dessus de nous.

ENGSTRAND

Il dort encore, à l'heure qu'il est? En plein jour?

RÉGINE

Cela ne te regarde pas.

ENGSTRAND

J'ai fait une sacrée noce, hier au soir.

RÉGINE

Je le crois sans peine.

ENGSTRAND

Ah! vois-tu, mon enfant, on est homme, on est faible...

RÉGINE

Ça, c'est bien vrai.

ENGSTRAND

... et les tentations sont légion dans ce bas monde. Et pourtant, Dieu sait que j'étais à mon travail, ce matin, à cinq heures et demie.

RÉGINE

C'est bien, c'est bien. Si tu t'en allais maintenant? je ne veux pas me tenir là, en *rendez-vous* [1] avec toi.

ENGSTRAND

Comment dis-tu? Tu ne veux pas quoi? je n'ai pas bien saisi.

RÉGINE

Je ne veux pas que l'on te rencontre ici. Là! va-t'en.

ENGSTRAND, faisant quelques pas vers elle.

Mon Dieu, non, je ne m'en irai pas avant de t'avoir parlé. Cet après-midi, j'aurai terminé mon boulot, là-bas, à l'école qu'on finit de construire, et je prendrai le bateau cette nuit pour m'en retourner chez moi, à la ville.

RÉGINE, entre les dents.

Bon voyage.

ENGSTRAND

Merci! Demain on inaugure l'asile, il y aura festin, bombances, et boissons fortes. Or, personne ne doit

1. L'expression *rendez-vous* est en français dans l'original. Dans la bouche de Régine, elle dénote certaines prétentions qui se révèlent encore plusieurs fois dans la suite. Les expressions françaises sont soulignées dans la traduction.

dire que Jacques Engstrand ne peut résister à la tentation quand elle se présente.

RÉGINE

Quant à ça!...

ENGSTRAND

Oui, il y a tant de gens comme il faut qui vont se rencontrer ici demain. Le pasteur Manders en sera, n'est-ce pas?

RÉGINE

Il arrive aujourd'hui.

ENGSTRAND

Tu vois bien; et du diable, si je veux qu'il ait quelque motif de récriminer à mon sujet...

RÉGINE

Ah! Je vois ce que c'est! Tiens, tiens!

ENGSTRAND

Quoi?

RÉGINE, le regardant dans le blanc des yeux.

Quel est le nouveau conte que tu veux faire accroire au pasteur Manders?

ENGSTRAND

Chut! Es-tu folle? Je voudrais, moi, en faire accroire au pasteur Manders? Ah! non! Le pasteur Manders a été trop bon pour moi. Mais nous nous éloignons de ce que je voulais te dire. Ce soir donc je m'en retourne à la maison.

RÉGINE

Tant mieux! Le plus tôt sera le mieux.

ENGSTRAND

Oui, mais je veux t'emmener avec moi, Régine.

RÉGINE, le regardant un instant, stupéfaite.

Tu veux m'emmener, moi? Comment dis-tu?

ENGSTRAND

Je dis que je veux t'avoir près de moi, à la maison.

RÉGINE, d'un ton de persiflage.

Jamais, au grand jamais tu ne m'auras près de toi, à la maison.

ENGSTRAND

Oh! nous verrons bien.

RÉGINE

Oui, oui, nous verrons bien, tu peux y compter. Moi qui ai été élevée chez Mme Alving, la veuve du chambellan?... Moi, qu'on a traitée ici presque en enfant de la maison? J'irais m'installer avec toi? Dans une maison comme la tienne? Allons donc!

ENGSTRAND

Ah! fichtre! Qu'est-ce à dire? Tu vas, maintenant, te révolter contre ton père, ma fille?

RÉGINE, à demi-voix sans le regarder.

Tu as dit assez souvent que je ne te suis rien.

ENGSTRAND

Bah! ne te soucie pas de cela...

RÉGINE

Combien de fois m'as-tu appelée une...? une fille de p...

ENGSTRAND

Non, juste Dieu, non, je ne me suis jamais servi d'un aussi vilain terme.

RÉGINE

Oh! je me souviens parfaitement des mots dont tu te servais.

ENGSTRAND

C'était seulement lorsque j'avais une pointe, hum! Le monde offre tant de tentations, Régine.

RÉGINE

Pouah!

ENGSTRAND

Et puis, c'était encore parce que ta mère faisait sa tête. Il me fallait bien trouver quelque chose pour la mater. Elle faisait toujours la mijaurée. (*Imitant.*) « Je t'en prie, Engstrand! Veux-tu bien me laisser! J'ai servi trois ans chez le chambellan Alving, à Rosenvold, moi. » (*Souriant.*) Ah! bon Jésus! elle ne pouvait pas oublier que le capitaine, à l'époque où elle servait chez lui, avait été fait chambellan.

RÉGINE

Pauvre mère! Elle ne t'a pas embarrassé longtemps; l'as-tu assez tourmentée!

ENGSTRAND, avec un mouvement qui le fait boiter.

Bien entendu; c'est toujours ma faute.

RÉGINE, se détournant, à demi-voix.

Pouah! Et puis, cette jambe!

ENGSTRAND

Que dis-tu, mon enfant?

RÉGINE

*Pied de mouton.*

ENGSTRAND

C'est de l'anglais, ça?

RÉGINE

Oui.

ENGSTRAND

Oui, oui, tu es devenue savante ici. J'ai idée que ça pourrait bien venir à point, Régine.

RÉGINE, après un instant de silence.

Et que veux-tu que j'aille faire là-bas, à la ville?

ENGSTRAND

Peut-on demander ce qu'un père veut faire de son unique enfant? Ne suis-je pas veuf, c'est-à-dire solitaire et abandonné?

RÉGINE

Ah! laisse-moi donc tranquille avec ces sornettes. Pourquoi faut-il que j'aille avec toi?

ENGSTRAND

Eh bien! je vais te le dire : je songe à une nouvelle affaire que je voudrais mettre sur pied.

RÉGINE

Tu n'en es pas à ton premier essai, mais cela a toujours raté.

ENGSTRAND

Cette fois, tu verras bien, Régine! — Le diable m'emporte...

RÉGINE, *frappant du pied.*

Chut! Veux-tu te taire!

ENGSTRAND, *vivement.*

Tu as raison. Je tenais seulement à te dire une chose : j'ai mis quelque argent de côté depuis que je travaille à ce nouvel asile.

RÉGINE

Vraiment? Tant mieux pour toi.

ENGSTRAND

Qu'aurais-je fait de mes deniers, ici? au village?

RÉGINE

Voyons, continue.

ENGSTRAND

Eh bien, vois-tu, j'ai pensé à en tirer profit, de cet argent. Il s'agirait de monter quelque chose, comme une espèce d'auberge pour les marins.

RÉGINE

Euh!...

ENGSTRAND

Je m'entends : quelque chose de propre, comme auberge, pas une saloperie à loger des matelots. Non, jour de Dieu! ce serait pour les capitaines de vaisseaux, les pilotes, etc., tout ce qu'il y a de mieux, quoi!

RÉGINE

Et je devrais, moi...?

ENGSTRAND

Tu devras m'aider, oui. Rien que pour l'apparence, tu comprends. Ah bien, non, mort de Dieu! rien du gros ouvrage, mon petit! Tu ne feras que ce que tu voudras.

RÉGINE

Ah! Très bien.

ENGSTRAND

Mais il faut une femme à la maison, c'est clair comme le jour. Le soir, on s'amuserait un brin. Il y aurait du chant, de la danse et tout ce qui s'ensuit. Songe à ces pauvres marins voguant au gré des flots, sur les mers lointaines. (*S'approchant d'elle.*) Voyons, Régine, ne sois pas bête, ne te fais pas de tort à toi-même. Que veux-tu devenir ici? A quoi ça te servira que madame ait fait des dépenses pour te rendre savante? J'entends dire que tu vas surveiller les enfants dans le nouvel asile. Est-ce là un travail pour toi, je te le demande? Es-tu si désireuse de te détruire la santé pour ces mal torchés de gosses?

RÉGINE

Non, et si tout allait selon mon désir je sais bien... Ma foi, ça peut bien arriver. Ça peut arriver!

ENGSTRAND

Qu'est-ce que c'est qui peut arriver?

RÉGINE

Ce n'est pas ton affaire. Est-ce une grosse somme que tu as économisée?

ENGSTRAND

Il peut bien y avoir en tout sept ou huit cents couronnes.

RÉGINE

Ce n'est pas si mal.

ENGSTRAND

Ce sera toujours assez pour commencer.

RÉGINE

Ne penses-tu pas me donner quelque chose de cet argent?

ENGSTRAND

Non, par Dieu, non, je n'y pense pas!

RÉGINE

Rien qu'un morceau d'étoffe pour me faire une robe? Pas même ça?

ENGSTRAND

Suis-moi et tu auras autant de robes que tu en voudras.

RÉGINE

Bast! Je saurai toujours m'arranger moi-même, si j'en ai envie.

ENGSTRAND

Il vaut mieux avoir une main paternelle pour te guider, Régine. A l'heure qu'il est je puis avoir une maison convenable dans la petite rue du Port. Il ne faut pas une grosse somme pour l'acquérir. Et ce serait, pour les marins, une sorte de maison de refuge, quoi!

RÉGINE

Mais je ne veux pas te suivre. Il n'y a rien de commun entre nous. Va ton chemin!

ENGSTRAND

Tu ne serais pas longtemps avec moi. Fichtre non, mon enfant. Je n'aurais pas cette chance. Il est sûr que tu saurais te retourner, une jolie fille comme toi, car tu l'es devenue, ces dernières années.

RÉGINE

Eh bien?

ENGSTRAND

Il ne se passerait pas longtemps avant qu'on ne vît venir un pilote, ma foi, peut-être un capitaine...

RÉGINE

Je ne veux pas prendre mari parmi les gens de cette espèce. Les marins n'ont pas de *savoir-vivre.*

ENGSTRAND

De quoi n'ont-ils pas, les marins?

RÉGINE

Je les connais, te dis-je. Ce ne sont pas des gens avec qui on se marie.

ENGSTRAND

Mais, tu n'es pas forcée de te marier. On peut y trouver son profit tout de même. (*Confidentiellement.*) Tu sais bien, l'Anglais? — l'Anglais du yacht — eh bien, il a donné trois cents écus, cet homme, et elle n'était certainement pas aussi jolie que toi.

RÉGINE, marchant sur lui.

Sors d'ici!

ENGSTRAND, reculant.

Eh bien, eh bien! tu ne vas pas cogner, je pense?

RÉGINE

Au contraire, si tu parles de mère, je cogne. Sors d'ici, te dis-je. (*Elle le pousse vers la porte donnant sur le jardin.*) Et ne frappe pas les portes; le jeune monsieur Alving...

ENGSTRAND

Bah! il dort. C'est drôle comme tu t'en occupes, du jeune monsieur Alving. — (*Baissant la voix.*) Oh! oh! ce ne serait pas Dieu possible qu'il...?

RÉGINE

Va-t'en, et plus vite que ça. Tu perds la tête! Non, pas par ce chemin. Voici venir le pasteur Manders. Allons, file par l'escalier de service.

ENGSTRAND, passant à droite.

C'est bien, c'est bien, on s'en va. Mais parle un peu à celui qui vient là. Il est homme à te dire ce qu'un enfant doit à son père. Car je suis ton père tout de même, tu sais. Je puis le prouver par les registres de la paroisse.

Il sort par l'autre porte que Régine a ouverte et qu'elle referme sur lui.

RÉGINE. Elle jette un coup d'œil au miroir, s'évente avec son tablier, ordonne le ruban de sa collerette; puis se met à ranger les fleurs.

Le pasteur Manders entre par le jardin d'hiver, en manteau, son parapluie à la main, un petit sac de voyage en sautoir.

LE PASTEUR MANDERS

Bonjour, mademoiselle Engstrand.

RÉGINE, se retournant avec un air de joyeuse surprise.

Tiens, bien le bonjour, monsieur le pasteur. Le bateau est déjà arrivé?

LE PASTEUR.

Il vient d'accoster. (*Il remonte la scène.*) C'est bien ennuyeux, cette pluie qui ne cesse pas depuis quelques jours.

RÉGINE, marchant derrière lui.

Pour les gens de la campagne, c'est un temps béni, monsieur le pasteur.

LE PASTEUR

Vous avez raison. C'est à quoi nous ne pensons guère, nous autres citadins.

Il ôte lentement son pardessus.

RÉGINE

Vous permettez que je vous aide? — Là! — Dieu, qu'il est mouillé! Attendez, je vais le suspendre dans l'antichambre. Et puis, le parapluie, — je vais l'ouvrir pour le faire sécher.

Elle sort avec ces objets par la porte de droite. Le pasteur se débarrasse de son sac de voyage et le dépose sur une chaise avec son chapeau. Pendant qu'il est occupé, Régine rentre.

LE PASTEUR

Ah! Il est doux d'être à l'abri. Voyons! Tout va bien ici?

RÉGINE

Oui, je vous remercie.

LE PASTEUR

Mais vous devez être en grand remue-ménage, je pense, avant la cérémonie de demain?

RÉGINE

Oh! oui! L'ouvrage ne manque pas.

LE PASTEUR

Mme Alving est chez elle, j'espère?

RÉGINE

Oui certainement. Madame est en haut. Elle prépare du chocolat pour le jeune monsieur.

LE PASTEUR

Ah! c'est juste. — On m'a dit au débarcadère qu'Oswald était de retour.

RÉGINE

Il est arrivé avant-hier. Nous ne l'attendions qu'aujourd'hui.

LE PASTEUR

Il est frais et dispos, j'espère?

RÉGINE

Je vous remercie, il va bien. Mais il est terriblement fatigué de son voyage. Il l'a fait d'un trait depuis Paris, sans changer de train. Je crois qu'il dort maintenant. Nous ferions peut-être bien de parler un peu plus bas.

LE PASTEUR

Chut! ne faisons pas de bruit.

RÉGINE, approchant un fauteuil de la table.

Et puis, il faut vous asseoir, monsieur le pasteur, et vous mettre à votre aise. (*Il s'assied; elle glisse un tabouret sous ses pieds.*) Là — monsieur le pasteur est-il confortablement assis?

LE PASTEUR

Merci, merci : je suis très bien. (*La regardant.*) Ecoutez, Régine Engstrand, je crois vraiment que vous avez encore grandi depuis la dernière fois que je vous ai vue.

RÉGINE

Monsieur le pasteur trouve? Madame aussi prétend que je me suis développée.

LE PASTEUR

Développée? hum, peut-être bien. Un tant soit peu.

Un instant de silence.

RÉGINE

Peut-être désirez-vous que j'avertisse madame?

LE PASTEUR

Merci, rien ne presse, chère enfant. — Mais, dites-moi donc, ma bonne Régine, dans quels rapports êtes-vous actuellement avec votre père?

RÉGINE

Merci, monsieur le pasteur, de ce côté cela ne va pas trop mal.

LE PASTEUR

Il est passé chez moi, la dernière fois qu'il est venu en ville.

RÉGINE

Vraiment! Il est toujours si content quand il peut parler à monsieur le pasteur.

LE PASTEUR

Et vous descendez souvent dans la journée pour le voir?

RÉGINE

Moi? certainement, je vais le voir dès que j'ai du temps libre.

LE PASTEUR

Votre père n'est pas une nature forte, mademoiselle Engstrand. Il a besoin d'une main qui le conduise.

RÉGINE

Oui, cela se peut bien.

LE PASTEUR

Il a besoin de quelqu'un près de lui qu'il puisse aimer, sur le jugement de qui il puisse se reposer. Il me l'a avoué avec une confiance bien sincère la dernière fois qu'il est venu me trouver.

RÉGINE

Oui, il m'en a touché un mot. Mais je ne sais pas si Mme Alving voudrait me laisser partir, — maintenant surtout que nous avons le nouvel asile à diriger.

Et moi-même j'aurais de la peine à me séparer de Mme Alving, qui a toujours été si bonne pour moi.

LE PASTEUR

Mais le devoir filial, ma chère enfant. — Bien entendu, nous devrions d'abord obtenir le consentement de votre maîtresse.

RÉGINE

Ensuite, je ne sais pas s'il est convenable, à mon âge, de gouverner la maison d'un homme seul.

LE PASTEUR

Vous dites? Mais, chère demoiselle Engstrand, c'est de votre propre père qu'il s'agit.

RÉGINE

C'est possible. Cependant!... Ah! si c'était dans quelque bonne maison, chez un monsieur vraiment bien...

LE PASTEUR

Mais, ma chère Régine...

RÉGINE

Chez un homme qui puisse m'inspirer du dévouement, que je sente au-dessus de moi et à qui je tienne, pour ainsi dire, lieu de fille...

LE PASTEUR

Oui, mais ma chère et bonne enfant...

RÉGINE

Ah! si j'avais cette perspective, je ne refuserais pas d'aller en ville! C'est l'isolement complet ici — et monsieur le pasteur sait bien par lui-même ce que c'est que d'être seul dans ce monde. D'autre part, j'ose dire que je suis active et que j'ai le cœur à la besogne. Monsieur le pasteur ne connaîtrait pas une place de ce genre?

LE PASTEUR

Moi? non sûrement, je n'en connais pas.

RÉGINE

Mais, mon cher, mon bon monsieur le pasteur, s'il arrivait que... vous penseriez à moi, n'est-ce pas... dites...

LE PASTEUR, se levant.

Certainement, je n'y manquerais pas, Régine Engstrand.

RÉGINE

Oui, car si je...

LE PASTEUR

Voulez-vous avoir la complaisance d'avertir madame?

RÉGINE

Elle ne tardera pas à venir, monsieur le pasteur.

Elle sort par la gauche.

LE PASTEUR

Il arpente la pièce, puis gagne le fond de la scène et regarde le jardin, les mains derrière le dos. Après cela, il redescend jusqu'à la table, prend un livre et en examine le titre. Mouvement de recul. Il en regarde d'autres.

Oh! oh!...

Mme Alving entre par la porte de gauche, suivie de Régine, qui ressort aussitôt par la première porte de droite.

MADAME ALVING tend la main au pasteur.

Soyez le bienvenu, monsieur le pasteur.

LE PASTEUR

Bonjour, madame. Me voici comme je vous l'avais promis.

MADAME ALVING

Toujours scrupuleusement à l'heure!...

LE PASTEUR

Vous pouvez croire que ce n'est pas sans peine que je me suis échappé. Toutes ces œuvres et commissions dont je fais partie...

MADAME ALVING

C'est d'autant plus aimable à vous d'être venu si tôt. Au moins pourrons-nous régler nos affaires avant de nous mettre à table. Mais où est votre malle?

LE PASTEUR, vivement.

Mes bagages sont en bas chez le marchand. J'y passe la nuit.

MADAME ALVING, réprimant un sourire.

Vous ne voulez donc pas vous décider à passer la nuit sous mon toit?

LE PASTEUR

Non, non, madame; je vous suis bien obligé, mais je préfère demeurer en bas, selon mon habitude. C'est plus commode pour reprendre le bateau.

MADAME ALVING

Allons, faites comme vous voudrez. Il me semble pourtant que deux bons vieux comme nous...

LE PASTEUR

Oh! Seigneur! pouvez-vous parler ainsi! D'ailleurs, il est naturel que vous soyez toute à la gaieté aujourd'hui. D'abord, la fête de demain, ensuite le retour d'Oswald.

MADAME ALVING

Oui, pensez donc! quel bonheur pour moi! Il y avait plus de deux ans qu'il était parti. Et il a promis de passer tout l'hiver avec moi.

LE PASTEUR

Vraiment? C'est un bon trait de sa part, et vraiment filial, car ce doit être bien tentant, je pense, de vivre à Paris ou à Rome.

MADAME ALVING

Oui, mais ici il a sa mère, voyez-vous. Ah! le cher, le bien-aimé garçon! Son cœur est tout à sa mère, on peut le dire!

LE PASTEUR

Ce serait trop triste, si la séparation et l'influence de l'art devaient relâcher des liens aussi naturels.

MADAME ALVING

Ah! vous avez bien raison. Mais avec lui, il n'y a pas de danger. Je suis curieuse de voir si vous le reconnaîtrez. Il ne tardera pas à descendre; en ce moment, il repose un peu sur son divan... Mais asseyez-vous donc, mon cher pasteur.

LE PASTEUR

Merci. Je ne vous dérange pas?

MADAME ALVING

Au contraire.

Elle s'assied à la table.

LE PASTEUR

Fort bien, je vais donc vous exposer... (*Il prend son sac de voyage sur la chaise où il l'a posé, s'assied du côté opposé de la table et cherche une place convenable pour étaler les papiers.*) Pour commencer... (*S'interrompant.*) Dites-moi donc, madame Alving, d'où vous viennent ces livres?

MADAME ALVING

Ces livres? Ce sont des livres que je lis.

LE PASTEUR

Vous lisez des ouvrages de cette espèce?

MADAME ALVING

Certainement.

LE PASTEUR

Sentez-vous que cela vous rende meilleure ou plus heureuse?

MADAME ALVING

Il me semble que cela me rend en quelque sorte plus sûre de moi.

LE PASTEUR

C'est singulier. Comment cela se fait-il?

MADAME ALVING

Voilà : j'y trouve comme une explication et une confirmation de bien des choses que j'ai coutume de penser et de ruminer en moi-même. Car, voyez-vous, pasteur Manders, ce qu'il y a d'étonnant, c'est qu'à vrai dire on ne rencontre absolument rien de nouveau dans ces livres; il n'y a que ce que la plupart des hommes pensent et croient. Seulement, la plupart des hommes ne s'en rendent pas compte ou ne veulent pas s'y arrêter. Tout est là.

LE PASTEUR

Ah! çà! croyez-vous bien sérieusement que la plupart...?

MADAME ALVING

Oui, je le crois.

LE PASTEUR

Pas dans notre pays, au moins? pas chez nous?

MADAME ALVING

Mais si! Chez nous comme ailleurs.

LE PASTEUR

Oh! par exemple...

MADAME ALVING

Mais, au fait, qu'avez-vous à reprocher à ces livres?

LE PASTEUR

Je ne leur reproche rien. Vous n'allez pas croire que je m'occupe à analyser de telles œuvres?

MADAME ALVING

Cela veut dire que vous ne connaissez pas du tout ce que vous condamnez.

LE PASTEUR

J'ai assez lu ce qui a été dit de ces livres pour les blâmer.

MADAME ALVING

Oui, mais votre propre opinion...

LE PASTEUR

Chère madame, il y a, dans cette vie, des cas où l'on doit s'en rapporter au jugement des autres. Que voulez-vous! c'est un fait et cela est bien. Que deviendrait la société s'il en était autrement?

MADAME ALVING

Vraiment!... Vous avez peut-être raison.

LE PASTEUR

Je ne nie pas, d'ailleurs, qu'il puisse y avoir quelque chose d'attrayant dans ces écrits. Et je ne puis pas non plus vous reprocher de vouloir connaître les courants intellectuels qui, dit-on, traversent ce monde... où vous avez laissé votre fils errer si longtemps. Mais...

MADAME ALVING

Mais...?

LE PASTEUR, baissant la voix.

Mais il ne faut pas en parler, madame Alving. On n'a vraiment pas besoin de rendre compte à chacun de ce qu'on lit et de ce qu'on pense entre ses quatre murs.

MADAME ALVING

Non, bien entendu; je suis de votre avis.

LE PASTEUR

Rappelez-vous les obligations que vous impose cet asile, que vous avez décidé d'ériger, à cette époque où vos idées sur le monde moral différaient considérablement de ce qu'elles sont aujourd'hui... autant du moins que je puis en juger.

MADAME ALVING

Oui, oui, nous sommes d'accord. Mais c'est au sujet de l'asile...

LE PASTEUR

C'est de l'asile que nous devions nous entretenir, c'est exact. Ainsi... de la prudence, chère amie! Et maintenant, passons à nos affaires. (*Il ouvre une enveloppe et en retire des papiers.*) Vous voyez ceci?

MADAME ALVING

Ce sont les documents?

LE PASTEUR

Ils sont au complet et en règle. Vous ne vous imaginez pas quelles difficultés j'ai dû vaincre pour y arriver. Il m'a fallu littéralement peiner pour arriver au but. Les autorités sont, on pourrait presque dire, cruellement consciencieuses quand il s'agit de se décider. Mais enfin, voici les papiers. (*Il feuillette le dossier.*) Ceci est un état de l'enclos de Solvik, faisant partie du domaine de Rosenvold, avec indication des bâtiments nouvellement construits, école, habitation des maîtres et chapelle. Et voici la confirmation du legs et des statuts de fondation. Voulez-vous voir? (*Il lit.*) Statuts de l'asile : « A la mémoire du capitaine Alving. »

MADAME ALVING, les regards longtemps fixés sur les papiers.

Ainsi, c'est dit.

LE PASTEUR

J'ai choisi le titre de capitaine plutôt que celui de chambellan. Capitaine est moins prétentieux.

MADAME ALVING

Oui, oui, faites comme vous l'entendez.

LE PASTEUR

Et voici le livret de la caisse d'épargne, portant le capital avec les intérêts, le tout destiné à couvrir les frais de construction.

MADAME ALVING

Merci; mais faites-moi le plaisir de les garder pour plus de commodité.

LE PASTEUR

Très volontiers. Pour commencer, je suis d'avis que nous laissions l'argent à la caisse d'épargne. Le taux de la rente n'est pas fort engageant : quatre pour cent à six mois. Il est évident que si plus tard on avait connaissance de quelque placement avantageux, — cela devrait être, bien entendu, une première hypothèque ou une inscription parfaitement sûre — nous pourrions en reparler.

MADAME ALVING

Oui, oui, mon cher pasteur, vous vous y entendez mieux que moi.

LE PASTEUR

En tout cas, j'aurai l'œil sur ce point. — Mais il y a encore une question que j'ai voulu plusieurs fois vous soumettre.

MADAME ALVING

Laquelle?

LE PASTEUR

Faut-il, oui ou non, faire assurer l'asile?

MADAME ALVING

Naturellement, oui.

LE PASTEUR

Attendez un peu. Considérons la chose de près.

MADAME ALVING

Chez moi, tout est assuré : bâtiments, récolte, bétail et mobilier.

LE PASTEUR

C'est tout simple. Il s'agit de votre propre bien, et j'en fais autant moi-même... bien entendu. Mais ici, voyez-vous, c'est une tout autre affaire. L'asile sera, en quelque sorte, consacré à un but d'ordre supérieur.

MADAME ALVING

Oui, mais cela n'empêche pas...

LE PASTEUR

Pour mon propre compte, je ne verrais aucun inconvénient à nous garantir contre toute éventualité.

MADAME ALVING

Evidemment. C'est bien clair.

LE PASTEUR

Mais, dites-moi... dans quelles dispositions est la contrée? Que pensent les habitants? Vous savez cela mieux que moi.

MADAME ALVING

Hum! les dispositions...

LE PASTEUR

Existe-t-il ici une opinion autorisée— véritablement autorisée — qui pourrait prendre ombrage de notre décision?...

MADAME ALVING

Qu'entendez-vous par une opinion autorisée?

LE PASTEUR

J'entends celle des gens qui occupent une position assez importante et assez influente pour que leur avis ne soit pas négligeable.

MADAME ALVING

S'il s'agit de ceux-là, je sais, en effet, un certain nombre de gens qui se scandaliseraient peut-être si...

LE PASTEUR

Vous voyez bien! Chez nous, en ville, ils abondent. Songez aux ouailles de tous mes confrères. On serait tout disposé à croire que, ni vous ni moi, nous n'avons confiance dans les décrets de la Providence.

MADAME ALVING

Mais, en ce qui vous concerne, cher pasteur, vous savez bien vous-même...

LE PASTEUR

Oui, je sais, je sais; j'ai ma conscience pour moi, c'est vrai. Mais nous ne pourrions empêcher des commentaires malveillants et défavorables. Et ces commentaires pourraient bien finir par enrayer l'œuvre elle-même.

MADAME ALVING

Ah! s'il en était ainsi...

LE PASTEUR

Je ne puis pas non plus perdre complètement de vue la situation équivoque — j'oserai dire pénible — où je pourrais me trouver. Dans les cercles influents de la ville, on s'occupe beaucoup de cette fondation. L'asile n'est-il pas en partie érigé au profit de la ville? Il faut même espérer qu'il allégera dans une assez large mesure les charges de l'assistance publique. Or, ayant été votre conseilleur, chargé de toute la partie administrative de l'œuvre, je crains, je l'avoue, d'être la première cible des envieux.

MADAME ALVING

En effet, vous ne devez pas vous y exposer.

LE PASTEUR

Sans parler des attaques qui, sans aucun doute, seraient dirigées contre moi par certaines feuilles dont....

MADAME ALVING

Assez, mon cher pasteur. Votre première considération suffit...

LE PASTEUR

Vous êtes donc d'avis qu'il faut se passer d'assurance?

MADAME ALVING

Oui, nous nous en passerons.

LE PASTEUR, se renversant dans son siège.

Mais, en admettant qu'un malheur arrive, — on ne peut jamais savoir — prendriez-vous sur vous de réparer le désastre?

MADAME ALVING

Non. Je vous le dis nettement, je ne le ferais pas.

LE PASTEUR

Dans ce cas, savez-vous, madame Alving... que c'est au fond une très lourde responsabilité que nous assumons.

MADAME ALVING

Pouvons-nous faire autrement?

LE PASTEUR

Non, et c'est là justement que gît la difficulté. A vrai dire, il nous est impossible de l'éluder. Nous ne pouvons pas, en vérité, nous exposer aux mauvais jugements et nous n'avons nul droit de scandaliser l'opinion.

MADAME ALVING

Vous, comme prêtre, vous ne l'avez assurément pas.

LE PASTEUR

D'ailleurs, je crois, en toute sincérité, que nous devons compter, pour une fondation comme celle-ci, sur une heureuse étoile, — je dirai plus — sur la protection spéciale d'en haut.

MADAME ALVING

Espérons-le, mon cher pasteur.

LE PASTEUR

Nous devons donc, pensez-vous, laisser les choses comme elles sont?

MADAME ALVING

J'en suis convaincue.

LE PASTEUR

Il sera fait comme vous l'entendez. (*Inscrivant.*) Nous disons donc : pas d'assurance.

MADAME ALVING

Au surplus, il est étonnant que vous ayez attendu jusqu'à aujourd'hui pour me parler de cela.

LE PASTEUR

J'ai souvent pensé à vous en entretenir.

MADAME ALVING

C'est que, hier, nous avons failli avoir un incendie en bas.

LE PASTEUR

Que dites-vous là?

MADAME ALVING

Heureusement que cela a été sans importance. Des copeaux qui ont pris feu dans l'atelier du menuisier.

LE PASTEUR

Celui dans lequel travaille Engstrand?

MADAME ALVING

Oui, on dit qu'il est parfois si imprudent avec les allumettes.

LE PASTEUR

Il a tant de choses en tête, cet homme; il est si éprouvé. Dieu merci, le voici qui s'efforce, m'a-t-on dit, de mener une vie irréprochable.

MADAME ALVING

Vraiment? qui vous a dit cela?

LE PASTEUR

Il me l'a assuré lui-même. Ce qui est certain, c'est que c'est un bon ouvrier.

MADAME ALVING

Oui, tant qu'il n'a pas bu.

LE PASTEUR

Ah! cette malheureuse faiblesse! Mais, toujours d'après lui, c'est sa mauvaise jambe qui en est souvent cause. La dernière fois que je l'ai vu en ville, il m'a touché. Il est venu me trouver et m'a remercié avec effusion de lui avoir procuré du travail, ici, où il peut rencontrer Régine.

MADAME ALVING

Il ne la voit pas souvent.

LE PASTEUR

Vous vous trompez, il lui parle tous les jours, il me l'a assuré lui-même.

MADAME ALVING

C'est possible.

LE PASTEUR

Il sent si bien qu'il a besoin de quelqu'un pour le retenir quand vient la tentation! Ce qu'il y a de touchant chez Jacques Engstrand, c'est qu'il vient à vous dans toute sa faiblesse, pour la confesser et s'accuser lui-même. La dernière fois qu'il est venu me trouver... écoutez, madame Alving, il m'a avoué que ce lui serait un bonheur d'avoir Régine auprès de lui...

MADAME ALVING, se levant vivement.

Régine!

LE PASTEUR

Vous ne devriez pas vous y opposer.

MADAME ALVING

Je m'y opposerai au contraire. Et puis, Régine est nécessaire à l'asile.

LE PASTEUR

Mais Engstrand est son père, souvenez-vous-en!

MADAME ALVING

Un père comme celui-là!... J'en sais plus que toute autre à ce sujet. Non! jamais, de mon gré, elle n'ira habiter chez lui.

LE PASTEUR, se levant.

Ma chère dame, ne prenez pas cela tant à cœur. Je vous assure qu'il m'est pénible de vous voir à tel point méconnaître Engstrand. On dirait vraiment que vous avez peur...

MADAME ALVING, plus calme.

Peu importe. J'ai recueilli Régine chez moi et c'est chez moi qu'elle doit rester. (*Elle écoute.*) Chut! mon cher pasteur, plus un mot de tout cela. (*Son visage s'éclaire.*) Ecoutez, c'est Oswald qui descend. Ne pensons plus qu'à lui.

Oswald Alving, en jaquette, un chapeau à la main et fumant une grande pipe en écume de mer, entre par la porte de gauche.

OSWALD, s'arrêtant à l'entrée.

Oh! mille excuses. Je croyais tout le monde dans le cabinet de travail. (*S'approchant.*) Bonjour, monsieur le pasteur.

LE PASTEUR, le fixant avec étonnement.

Oh! c'est surprenant.

MADAME ALVING

Qu'en dites-vous, pasteur?

LE PASTEUR

Je dis... je dis... Non! Mais est-ce là vraiment...?

OSWALD

Oui, c'est là vraiment l'enfant prodigue, monsieur le pasteur.

LE PASTEUR

Mais, mon cher, mon jeune ami...

OSWALD

L'enfant retrouvé, si vous aimez mieux.

MADAME ALVING

Oswald pense au temps où vous vous opposiez si fort à ce qu'il devînt peintre.

LE PASTEUR

Il y a tant de décisions, téméraires à nos yeux humains, et qui plus tard... (*Il lui tend la main.*) Enfin, soyez le bien, bienvenu. Vrai, mon cher Oswald... je puis, n'est-ce pas, vous appeler par votre petit nom?

OSWALD

Et comment voudriez-vous m'appeler?

LE PASTEUR

Bien! Je tenais donc à vous prier, mon cher Oswald, de ne pas croire que je condamne d'une manière absolue l'état d'artiste. Je reconnais que, dans cet état comme dans tout autre, il en est beaucoup dont l'âme peut échapper à la corruption.

OSWALD

Espérons-le.

MADAME ALVING, rayonnante de joie.

J'en sais un qui y a échappé corps et âme. Regardez-le plutôt, pasteur.

OSWALD, remontant la scène.

C'est bien, c'est bien, chère mère, laissons cela.

LE PASTEUR

Allons, il n'y a pas à nier, en effet... Et puis voilà

que vous commencez à vous faire un nom. Les journaux ont souvent parlé de vous, et cela avec les plus grands éloges... C'est-à-dire que, dans ces derniers temps, il y a eu un peu de silence.

OSWALD. *Il s'est rapproché des fleurs.*

Je n'ai pas pu travailler d'une manière suivie, depuis quelque temps.

MADAME ALVING

Un peintre, tout comme un autre, a le droit de se reposer.

LE PASTEUR

Je crois bien. On se prépare, on ramasse ses forces pour quelque grande œuvre.

OSWALD

Oui... Mère, dînons-nous bientôt?

MADAME ALVING

Dans une petite demi-heure. L'appétit ne lui manque pas, Dieu merci.

LE PASTEUR

Ni le goût du tabac.

OSWALD

J'ai trouvé là-haut la pipe de mon père, et alors...

LE PASTEUR

Ah! nous y voilà donc.

MADAME ALVING

Que voulez-vous dire?

LE PASTEUR

Quand j'ai aperçu sur le seuil Oswald la pipe à la bouche, j'ai cru voir son père en chair et en os.

OSWALD

Vraiment?

MADAME ALVING

Ah! comment pouvez-vous dire?... Oswald ne ressemble qu'à moi.

LE PASTEUR

Oui, mais il y a là un trait, aux coins de la bouche, quelque chose aux lèvres, que j'avais remarqué sur les traits d'Alving...

MADAME ALVING

Pas du tout. Oswald, à mon avis, a plutôt quelque chose de sacerdotal aux coins de la bouche.

LE PASTEUR

C'est vrai, c'est vrai; il existe un trait semblable chez quelques-uns de mes confrères.

MADAME ALVING

Mais pose donc ta pipe, mon petit, je ne veux pas de fumée dans cette chambre.

OSWALD, *obéissant.*

Volontiers. Je voulais seulement l'essayer. C'est que j'en ai fumé une fois étant enfant.

MADAME ALVING

Toi?

OSWALD

Oui, j'étais alors tout petit! Je me rappelle qu'un soir je suis entré dans la chambre de mon père et qu'il était si gai, si animé...

MADAME ALVING

Oh! tu ne peux pas te souvenir de ce temps-là.

OSWALD

Si, je m'en souviens parfaitement. Il me prit sur ses genoux et me mit sa pipe à la bouche. « Fume, garçon, dit-il; allons, une bonne bouffée. » Et je fumai tant que je pus, jusqu'à ce que je me sentisse pâlir et que la sueur ruisselât de mon front. Alors il se mit à rire de si bon cœur!

LE PASTEUR

Etrange sujet de joie!

MADAME ALVING

Mon ami, c'est un rêve qu'Oswald a fait.

OSWALD

Non, mère, ce n'est pas un rêve. La preuve, — ne t'en souviens-tu pas? — c'est que tu es entrée et que tu m'as emporté dans la chambre d'enfants; là, je me suis senti mal et j'ai vu que tu pleurais. Est-ce que père faisait souvent de ces farces-là?

LE PASTEUR

Dans sa jeunesse, c'était un homme plein de verve.

OSWALD

Et pourtant, il a accompli tant de choses dans ce monde, tant de choses bonnes et utiles, durant le peu de temps qu'il a vécu.

LE PASTEUR

Oui, c'est vrai. Vous portez le nom d'un homme digne et actif, mon cher Oswald Alving. Eh bien, espérons que ce sera pour vous un encouragement, un stimulant...

OSWALD

Ce devrait en être un, en effet.

LE PASTEUR

En tout cas, c'est charmant à vous d'être rentré pour un jour consacré à sa mémoire.

OSWALD

Je ne pouvais pas faire moins.

MADAME ALVING

Et je pourrai le garder longtemps; voilà ce qu'il y a de plus charmant...

LE PASTEUR

Oui, on m'apprend que vous nous restez tout l'hiver.

OSWALD

Je suis ici pour un temps indéterminé, monsieur le pasteur. Ah! qu'il est bon de rentrer chez soi!

MADAME ALVING, rayonnante.

N'est-ce pas, mon cher enfant!

LE PASTEUR, le regardant avec intérêt.

Vous étiez bien jeune lorsque vous avez commencé à courir le monde, mon cher Oswald.

OSWALD

C'est vrai, je me demande quelquefois si je n'étais pas trop jeune.

MADAME ALVING

Pas du tout; cela ne fait que du bien à un garçon dégourdi et surtout à un fils unique. Il est mauvais de rester au coin du feu, entre père et mère, et d'y devenir un enfant gâté.

LE PASTEUR

C'est là un problème difficile à résoudre, madame Alving. Après tout, le foyer paternel restera toujours la véritable patrie de l'enfant.

OSWALD

En cela, je suis tout prêt à me ranger à l'avis du pasteur.

LE PASTEUR

Voyez, plutôt, votre propre fils. Oui, nous pouvons fort bien parler de cela en sa présence. Quel a été le résultat en ce qui le concerne? Le voici atteignant vingt-six ou vingt-sept ans, et jamais il n'a eu l'occasion de connaître la vraie vie de famille...

OSWALD

Pardonnez-moi, monsieur le pasteur... vous êtes sur ce point complètement dans l'erreur.

LE PASTEUR

Vraiment? Je croyais que vous n'aviez fréquenté presque exclusivement que les cercles d'artistes.

OSWALD

C'est parfaitement exact.

LE PASTEUR

Et spécialement ceux des jeunes artistes.

OSWALD

Comme vous le dites.

LE PASTEUR

Et je croyais que la plupart d'entre eux n'avaient pas les moyens de fonder une famille et de se constituer un foyer.

OSWALD

Il y en a qui n'ont pas de quoi se marier, monsieur le pasteur.

LE PASTEUR

Eh bien, c'est précisément ce que je dis!

OSWALD

Mais cela ne les empêche pas d'avoir un foyer, et souvent ils en ont un... et un foyer très bien organisé, très convenable.

MADAME ALVING, attentive à ces paroles,
les approuve de la tête, mais sans dire un mot.

LE PASTEUR

Ce n'est pas d'un ménage de garçon qu'il s'agit. J'appelle foyer un foyer domestique, où un homme vit avec sa femme et ses enfants.

OSWALD

Oui, avec ses enfants et la mère de ses enfants.

LE PASTEUR, faisant un soubresaut
et joignant les mains.

Mais... miséricorde!

OSWALD

Quoi?

LE PASTEUR

Vivre avec... la mère de ses enfants?

OSWALD

Oui; préféreriez-vous qu'on la repoussât?

LE PASTEUR

Ainsi, c'est de relations illégitimes que vous parlez, de ces faux ménages, comme on les appelle.

OSWALD

Je n'ai jamais remarqué rien de faux dans cette vie en commun.

LE PASTEUR

Mais comment se peut-il qu'un homme ou une jeune femme qui ont, ne fût-ce qu'un peu d'éducation, s'accommodent d'une existence de ce genre, aux yeux de tout le monde?

OSWALD

Eh! que voulez-vous qu'ils fassent? Un jeune artiste pauvre, une jeune fille pauvre... Il faut beaucoup d'argent pour se marier. Que voulez-vous qu'ils fassent?

LE PASTEUR

Ce que je veux qu'ils fassent? Ecoutez, monsieur Alving, je vais vous dire, moi, ce qu'il faut qu'ils fassent. Ils doivent commencer par vivre loin l'un de l'autre au début... voilà ce que je veux.

OSWALD

Ce discours ne vous mènerait pas loin auprès de nous autres, jeunes hommes, passionnés, amoureux.

MADAME ALVING

Ma foi, non, il ne vous mènerait pas loin.

LE PASTEUR, insistant.

Et les autorités qui tolèrent de telles choses, qui les laissent s'accomplir en plein jour!... (*Se tournant vers Mme Alving.*) N'avais-je pas raison d'être profondément inquiet au sujet de votre fils?... Dans des cercles où l'immoralité s'étale effrontément, où elle acquiert, pour ainsi dire, droit de cité...

OSWALD

Je vous avouerai de plus, monsieur le pasteur, que j'ai été l'hôte assidu d'un de ces ménages irréguliers, chez lequel je passais presque tous mes dimanches.

LE PASTEUR

Les dimanches encore!

OSWALD

Eh bien, oui! C'est le jour où l'on s'amuse. Mais jamais je n'y ai entendu un mot inconvenant; encore moins y ai-je été témoin de quoi que ce fût qui pût être taxé d'immoral. Non; savez-vous où et quand j'ai rencontré l'immoralité dans les cercles d'artistes?

LE PASTEUR

Non, Dieu merci, je n'en sais rien!

OSWALD

Eh bien! Je vais me permettre de vous le dire : je l'ai rencontrée alors que tel de nos maris et pères de famille modèles est venu, chez les artistes, s'émanciper un brin et a daigné les honorer de sa visite, eux et leurs humbles tavernes. C'est alors que nous en avons appris de belles! Ces messieurs nous initiaient, nous racontant des faits et des choses auxquels nous n'avions jamais songé.

LE PASTEUR

Quoi? vous prétendriez que des hommes honorables de ce pays allassent...

OSWALD

Avez-vous jamais entendu ces hommes honorables, rentrant chez eux, discuter de l'immoralité qui règne dans les pays étrangers?

LE PASTEUR

Oui, naturellement.

MADAME ALVING

Moi aussi, je les ai entendus.

OSWALD

Ah! certes! On peut les croire sur parole. Il y a parmi eux des experts. (*Il se prend la tête.*) Se peut-il qu'on puisse ainsi la couvrir de boue, la belle, la superbe, la libre existence de là-bas!

MADAME ALVING

Il ne faut pas t'exalter, Oswald; cela ne te fait pas de bien.

OSWALD

Non, tu as raison, mère, cela ne me vaut rien. C'est cette maudite fatigue, vois-tu. Allons, je vais faire une petite promenade avant le dîner. Excusez-moi, monsieur le pasteur; vous ne pouvez pas vous mettre à ma place; mais cela m'a pris ainsi brusquement.

Il sort par la porte de droite.

MADAME ALVING

Mon pauvre enfant...!

LE PASTEUR

Oui. Il me plaît de vous l'entendre dire. Voilà donc où il en est!

MADAME ALVING le regarde en silence.

LE PASTEUR, arpentant la scène.

Enfant prodigue, a-t-il dit; hélas, oui! hélas, oui!

MADAME ALVING continue à le regarder.

LE PASTEUR

Et vous-même, que dites-vous de tout cela?

MADAME ALVING

Je dis qu'Oswald a raison d'un bout à l'autre.

LE PASTEUR, avec un soubresaut.

Raison! raison d'émettre de tels principes?

MADAME ALVING

Ici, dans ma solitude, je suis arrivée à penser comme lui, monsieur le pasteur. Mais je n'ai jamais osé toucher la question de trop près. Soit! mon fils parlera pour moi.

LE PASTEUR

Vous êtes bien à plaindre, madame Alving. Ecoutez-moi, nous allons causer sérieusement. En cet instant, vous n'avez plus devant vous votre homme d'affaires, votre conseiller, votre ami de jeunesse et celui de votre défunt mari; c'est le prêtre qui est là et qui vous parle comme il le faisait à l'heure du plus grand égarement de votre vie.

MADAME ALVING

Et qu'a-t-il à me dire, le prêtre?

LE PASTEUR

Je veux d'abord remuer vos souvenirs, madame. Le moment est bien choisi : demain est le deuxième anniversaire de la mort de votre mari. Demain, le voile tombera du monument qui doit honorer sa mémoire. Demain, je m'adresserai à toute l'assemblée; aujourd'hui, je veux m'entretenir avec vous seule.

MADAME ALVING

Bien, monsieur le pasteur, parlez.

LE PASTEUR

Vous souvenez-vous qu'après une année de mariage, à peine, vous vous êtes trouvée au bord même de l'abîme, que vous avez déserté votre foyer... que vous avez abandonné votre mari? Oui, madame Alving... abandonné, abandonné, et vous avez refusé de revenir chez lui, malgré toutes ses prières, malgré toutes ses supplications.

MADAME ALVING

Avez-vous oublié à quel point j'ai été malheureuse cette première année?

LE PASTEUR

Chercher le bonheur dans cette vie, c'est là le véritable esprit de rébellion. Quel droit avons-nous au bonheur? Non, nous devons faire notre devoir, madame, et votre devoir était de demeurer auprès de l'homme que vous aviez une fois choisi et auquel vous attachait un lien sacré.

MADAME ALVING

Vous savez bien la vie que menait Alving à cette époque et de quels désordres il se rendait coupable.

LE PASTEUR

Je sais fort bien les bruits qui couraient sur son compte, et loin de moi l'intention d'approuver la conduite de sa jeunesse, pour autant que ces bruits fussent fondés. Mais une femme n'est pas autorisée à s'ériger en juge de son mari. Votre devoir consistait à supporter en toute humilité la croix que la volonté d'en haut avait trouvé bon de vous imposer. Au lieu de cela, vous vous êtes révoltée, vous avez rejeté la croix, abandonné l'être défaillant que vous aviez mission de soutenir. Vous avez déserté, en exposant votre nom et votre réputation, et vous avez été sur le point de perdre par-dessus le marché la réputation des autres.

MADAME ALVING

Des autres? D'un autre, voulez-vous dire.

LE PASTEUR

N'était-ce pas trop inconsidéré de venir chercher un refuge chez moi?

MADAME ALVING

Chez notre pasteur? Chez l'ami de notre maison?

LE PASTEUR

Précisément à cause de cela. Oui, vous pouvez bien remercier Notre-Seigneur et Maître de ce que j'ai eu la fermeté nécessaire, de ce que je vous ai détournée de vos desseins exaltés et de ce qu'il m'a été donné de vous ramener dans la voie du devoir et dans la maison de votre époux légitime.

MADAME ALVING

Oui, pasteur Manders, ce fut là, certes, votre ouvrage.

LE PASTEUR

Je n'ai été qu'un humble instrument dans la main du Très-Haut. Et ce bonheur qui m'a été donné de vous plier au devoir et à l'obéissance, quelle bénédiction n'en est-il pas résulté pour tout le reste de votre vie! Les choses ne se sont-elles pas arrangées comme je vous l'avais prédit? Alving n'a-t-il pas dit adieu à tous les désordres de son existence, comme il sied à un homme? Et, depuis, tous ses jours ne se sont-ils pas écoulés près de vous, dans l'amour et à l'abri de tout reproche? N'est-il pas devenu le bienfaiteur de la contrée, et, vous-même, ne vous a-t-il pas élevée avec lui, en sorte que vous êtes devenue peu à peu sa collaboratrice? et une vaillante collaboratrice! Oh! je sais tout cela, madame Alving; je vous dois cet éloge. Mais arrivons à ce qui, après celle-là, a été la grande erreur de votre vie.

MADAME ALVING

Que voulez-vous dire?

LE PASTEUR

De même que vous avez un jour renié les devoirs de l'épouse, vous avez renié plus tard ceux de la mère.

MADAME ALVING

Ah!...

LE PASTEUR

Vous avez été dominée toute votre vie par une invincible confiance en vous-même. Vous n'avez jamais tendu qu'à l'affranchissement de tout joug et de toute loi. Jamais vous n'avez voulu supporter une chaîne quelle qu'elle fût. Tout ce qui vous gênait dans la vie, vous l'avez rejeté sans regret, sans hésitation, comme un fardeau insupportable, n'écoutant que votre bon plaisir. Il ne vous convenait plus d'être épouse, et vous vous êtes libérée de votre mari, il vous semblait incommode d'être mère, et vous avez envoyé votre fils parmi les étrangers.

MADAME ALVING

C'est vrai, j'ai fait tout cela.

LE PASTEUR

Aussi êtes-vous devenue une étrangère pour lui.

MADAME ALVING

Non, non, vous vous trompez.

LE PASTEUR

Je ne me trompe pas, et c'est naturel. Comment vous est-il revenu? Pensez-y bien, madame Alving. Vous avez été coupable envers votre mari; vous le reconnaissez vous-même en élevant ce monument à sa mémoire; reconnaissez aussi vos torts envers votre fils; peut-être est-il encore temps de le ramener dans le droit chemin. Retournez vous-même sur vos pas et redressez en lui ce qui, je l'espère, se laissera encore redresser. (*Il lève l'index.*) Car, je vous le dis en vérité, madame Alving, vous êtes une mère coupable! C'est ce que j'ai jugé de mon devoir de vous déclarer.

Un silence.

MADAME ALVING, lentement, en se dominant.

Vous avez dit, monsieur le pasteur, et demain vous parlerez en public pour honorer la mémoire de mon mari. Je ne parlerai pas demain. Mais aujourd'hui, j'aurai, moi aussi, quelques communications à vous faire...

LE PASTEUR

Naturellement, vous allez chercher à excuser votre conduite.

MADAME ALVING

Non. Je me contenterai de vous raconter certains faits.

LE PASTEUR

Voyons.

MADAME ALVING

Dans tout ce que vous venez de dire au sujet de mon mari, de moi et de notre vie commune, après que vous m'eûtes fait, pour user de votre langage, rentrer dans la voie du devoir, — dans tout cela il n'y a absolument rien dont vous ayez eu connaissance par vous-même; depuis ce moment, en effet, vous — notre hôte journalier — vous n'avez plus remis les pieds dans notre maison.

LE PASTEUR

Vous et votre mari, vous avez quitté la ville aussitôt après ces événements.

MADAME ALVING

Oui; et du vivant de mon mari, vous n'êtes jamais venu nous trouver ici. Ce sont les affaires de l'asile qui vous ont forcé à me voir.

LE PASTEUR, bas et d'une voix mal assurée.

Hélène... si c'est là un reproche, je vous prie de réfléchir...

MADAME ALVING

...Aux égards que vous deviez à votre état; oui. Et puis j'étais, moi, la femme qui avait abandonné son mari. On ne saurait se tenir à trop de distance des femmes de cette espèce.

LE PASTEUR

Chère... madame Alving, il y a là une exagération si manifeste...

MADAME ALVING

Oui, oui, oui, laissons cela. Tout ce que je voulais vous dire, c'est qu'en jugeant ma vie domestique, vous ne faites que répéter simplement ce qu'on croit en général.

LE PASTEUR

Eh bien oui! Et après?

MADAME ALVING

Eh bien, Manders, je veux aujourd'hui dire la vérité. Je me suis juré que vous la sauriez un jour. Vous seul!

LE PASTEUR

Et quelle est donc cette vérité?

MADAME ALVING

Cette vérité, c'est que mon mari est mort dans la dissolution où il avait toujours vécu.

LE PASTEUR, cherchant le dossier d'une chaise pour s'appuyer.

Qu'avez-vous dit?

MADAME ALVING

Dissolution aussi profonde après dix-neuf ans de mariage qu'elle l'était à la veille de notre union.

LE PASTEUR

Comment? Ces égarements de jeunesse, ces irrégularités, ces désordres, si vous voulez, vous appelez cela de la dissolution?

MADAME ALVING

C'est l'expression dont se servait notre médecin.

LE PASTEUR

Maintenant, je ne vous comprends plus.

MADAME ALVING

Il est inutile que vous me compreniez.

LE PASTEUR

Ma tête s'égare. Ainsi tout votre mariage, cette communauté de tant d'années passées avec votre mari, n'aurait été qu'un voile jeté sur un abîme!

MADAME ALVING

Ni plus, ni moins. A présent, vous le savez.

LE PASTEUR

Cette... Il se passera longtemps avant que je me rende compte de tout cela. Je n'y comprends absolument rien! Cela me dépasse. Mais comment était-il possible...? Comment une telle chose a-t-elle pu rester cachée?

MADAME ALVING

Pour que le secret ne fût pas divulgué, j'ai dû soutenir une lutte de tous les instants. Après la naissance d'Oswald, un mieux sembla s'être produit chez Alving, mais il ne fut pas de longue durée. Plus tard, j'ai dû lutter double, livrer un combat mortel, pour que personne ne devinât quel homme était le père de mon enfant. D'autre part, vous vous rappelez comment Alving savait gagner les cœurs. Il semblait que personne ne pût concevoir une mauvaise pensée à son égard. Il était de cette espèce d'hommes sur la réputation de qui la vie n'a pas de prise. Mais à la fin, Manders, — il faut que vous sachiez tout — à la fin il commit une abomination plus grande que toutes les autres.

LE PASTEUR

Plus grande que tout?

MADAME ALVING

J'avais pris mon mal en patience, bien que je n'ignorasse rien de ce qui se passait hors de la maison; mais quand le scandale se fut installé entre ces quatre murs...

LE PASTEUR

Vous dites?... Ah! mon Dieu!

MADAME ALVING

Oui, ici, sous notre toit. C'est là (*Elle indique la première porte à droite.*) que j'en ai eu la première révélation un jour que j'avais à faire dans cette chambre; je vis la bonne rentrer avec de l'eau pour arroser les fleurs.

LE PASTEUR

Eh bien?...

MADAME ALVING

Un instant après, Alving rentra aussi. Je l'entendis qui parlait tout doucement à cette fille. Puis j'entendis — (*avec un rire sec*), oh! cela me sonne encore à l'oreille, déchirant et ridicule à la fois; — j'entendis ma propre bonne murmurer : « Laissez-moi, mais lâchez-moi donc, monsieur le chambellan. »

LE PASTEUR

Oh! l'impardonnable légèreté! Mais ce n'est là qu'une légèreté, madame Alving, croyez-le bien.

MADAME ALVING

Ce que je devais en croire, je l'appris bientôt. Le chambellan arriva à ses fins avec la fille, et cette liaison, pasteur, eut des suites.

LE PASTEUR, pétrifié.

Tout cela dans cette maison! dans cette maison!

MADAME ALVING

J'ai supporté bien des choses dans cette maison. Pour l'y retenir les soirs et les nuits, j'ai dû me faire la camarade de ses orgies secrètes, là-haut, dans sa chambre. J'ai dû m'attabler avec lui en tête à tête, trinquer et boire avec lui, écouter ses insanités; j'ai dû lutter corps à corps avec lui pour le mettre au lit.

LE PASTEUR, ému.

Et vous avez pu supporter tout cela!

MADAME ALVING

J'avais mon fils, c'est pour lui que je souffrais tout. Mais à ce dernier outrage, quand j'ai vu ma propre bonne... je me suis juré que tout cela aurait une fin. Alors j'ai pris le dessus dans la maison, le dessus sur tout... sur lui-même et sur le reste. C'est que maintenant, voyez-vous, j'avais une arme contre lui, il n'osait plus bouger. C'est alors qu'Oswald a été envoyé hors d'ici. Il entrait à cette époque dans sa septième année et commençait à observer et à poser des questions, comme font les enfants. Tout cela, Manders, je ne pouvais pas le souffrir. Il me parut que l'enfant devait s'empoisonner dans ce milieu de souillure. C'est pour cela que je l'en fis sortir. Maintenant, vous comprenez aussi pourquoi il n'a jamais remis le pied dans la maison, tant que son père a vécu. Personne ne sait combien il m'en a coûté.

LE PASTEUR

En vérité, vous avez fait de la vie une dure expérience.

MADAME ALVING

Je n'aurais jamais résisté, si je n'avais pas eu mon devoir à accomplir. Ah! je puis dire que j'ai travaillé! Tous ces résultats, la terre agrandie, le domaine amélioré, toutes ces œuvres utiles, dont Alving a recueilli l'honneur et la gloire, croyez-vous que ce soit lui qui les ait accomplis? Lui, qui, du matin au soir, était étendu sur son divan, plongé dans la lecture d'un vieil almanach! Non, je veux que vous sachiez une chose encore : c'est moi qui l'y poussais en ses heures de lucidité; c'est encore moi qui devais porter tout le fardeau, quand il se plongeait, selon son habitude, dans le désordre, ou s'abîmait dans un marasme sans nom.

LE PASTEUR

Et c'est à la mémoire de cet homme que vous élevez un monument?

MADAME ALVING

Vous voyez ce que peut une mauvaise conscience.

LE PASTEUR

Une mauvaise...? Que voulez-vous dire?

MADAME ALVING

Il m'a toujours semblé que la vérité ne pouvait manquer de se faire jour et qu'elle finirait par être connue de tous. Aussi, cet asile est-il destiné, en quelque sorte, à faire taire toutes les rumeurs et à écarter tous les soupçons.

LE PASTEUR

Et vous n'avez certes pas manqué votre but, madame Alving.

MADAME ALVING

Et puis, j'avais encore un mobile. Je ne voulais pas qu'Oswald, mon fils, héritât de son père, en quoi que ce fût.

LE PASTEUR

Ainsi, c'est avec l'héritage d'Alving que...?

MADAME ALVING

Oui, les sommes qu'année par année j'ai consacrées à cet asile forment — je l'ai exactement calculé — le montant d'un avoir qui, dans le temps, faisait considérer le lieutenant Alving comme un bon parti.

LE PASTEUR

Je vous comprends...

MADAME ALVING

Cet argent avait été le prix d'achat. Je ne veux pas qu'il passe aux mains d'Oswald. Mon fils doit tout tenir de moi, tout.

Oswald Alving entre par la seconde porte de droite; il a laissé dans le vestibule son pardessus et son chapeau.

MADAME ALVING, allant au-devant de lui...

Te voici de retour, mon enfant...

OSWALD

Oui; que peut-on faire dehors par cette pluie éternelle? Mais j'entends dire que nous nous mettons à table. La bonne nouvelle!

RÉGINE, venant de la salle à manger, un paquet à la main.

Voici un paquet pour madame.

Elle remet le paquet à Mme Alving.

MADAME ALVING, jetant un regard au pasteur.

Les cantates pour la fête de demain, sans doute.

LE PASTEUR

Hum!

RÉGINE

Et puis, madame est servie.

MADAME ALVING

C'est bien, nous vous suivons à l'instant. Je veux seulement...

Elle se met à ouvrir le paquet.

RÉGINE, à Oswald.

Monsieur Alving désire-t-il du porto blanc ou rouge?

OSWALD

L'un et l'autre, mademoiselle Engstrand.

RÉGINE

Bien...; très bien, monsieur Alving.

Elle rentre dans la salle à manger.

OSWALD

Je puis vous aider à déboucher...

Il la suit dans la salle à manger, dont la porte reste entrouverte.

MADAME ALVING, après avoir ouvert le paquet.

C'est bien cela, voici les cantates, pasteur.

LE PASTEUR, joignant les mains.

Comment pourrai-je avoir l'esprit assez libre pour prononcer mon discours demain? En vérité!...

MADAME ALVING

Oh! vous vous en tirerez.

LE PASTEUR, baissant la voix, pour ne pas être entendu de la salle à manger.

Que voulez-vous, nous ne pouvons pourtant pas éveiller le scandale.

MADAME ALVING, baissant la voix, mais avec fermeté.

Non; mais ce sera la fin de cette longue et vilaine comédie. Dès après-demain, j'agirai comme si le défunt n'avait jamais vécu dans cette maison. Il ne restera personne ici, que mon fils et sa mère.

On entend dans la salle à manger le bruit d'une chaise qui tombe et des paroles.

La voix de REGINE, moitié stridente, moitié étouffée.

Oswald, es-tu donc fou? Lâche-moi!

MADAME ALVING, reculant épouvantée.

Ah!...

Elle fixe des yeux égarés sur la porte entrouverte. On entend Oswald tousser et ricaner. Bruit d'une bouteille qu'on débouche.

LE PASTEUR, indigné.

Mais que veut dire...? Qu'est-ce quc cela, madame Alving?

MADAME ALVING, d'une voix rauque.

Des revenants. Le couple du jardin d'hiver qui revient.

LE PASTEUR

Que dites-vous? Régine...? Elle serait...?

MADAME ALVING

Oui. Venez. Pas un mot!...

Elle saisit le bras du pasteur Manders et se dirige d'un pas mal assuré vers la salle à manger.

RIDEAU

# ACTE II

## LE DÉCOR

**Même décor. Le ciel est toujours couvert d'une brume épaisse.**

Le pasteur Manders et Mme Alving sortent de la salle à manger.

MADAME ALVING, tournant la tête en arrière.

Viens-tu, Oswald?

OSWALD, hors de la scène.

Non, merci, je vais faire un petit tour.

MADAME ALVING

C'est ça. Sors un moment avant que l'averse ne recommence. (*Elle ferme la porte de la salle à manger, se dirige vers celle du vestibule et appelle.*) Régine!

RÉGINE, hors de la scène.

Madame?

MADAME ALVING

Va dans la buanderie mettre la main aux guirlandes.

RÉGINE

Oui, madame.

MADAME ALVING s'assure que Régine est sortie, puis ferme la porte.

LE PASTEUR

Il ne peut rien entendre d'où il est, n'est-ce pas?

MADAME ALVING

Non, si la porte est fermée; d'ailleurs, il va sortir.

LE PASTEUR

J'en suis encore tout abasourdi. Je ne comprends pas comment j'ai pu avaler une bouchée.

MADAME ALVING, arpentant la scène et cherchant à dominer son trouble.

Ni moi non plus, mais que faire?

LE PASTEUR

Que faire, en effet? Ma foi, je n'en sais rien. J'ai si peu l'expérience de ce genre d'affaires.

MADAME ALVING

Je suis absolument sûre qu'il n'y a encore rien...

LE PASTEUR

Non! Le ciel nous en préserve! Mais ce n'en sont pas moins des familiarités fort inconvenantes.

MADAME ALVING

Tout cela est une simple fantaisie d'Oswald; vous pouvez en être convaincu.

LE PASTEUR

Mon Dieu, je suis, je le répète, peu compétent dans ces sortes d'affaires. Il me semblerait pourtant...

MADAME ALVING

Il faut qu'elle quitte la maison, et sur-le-champ, c'est clair comme le jour.

LE PASTEUR

Naturellement...

MADAME ALVING

Mais où ira-t-elle? Nous ne pouvons pas prendre la responsabilité de...

LE PASTEUR

Elle ira tout simplement chez son père.

MADAME ALVING

Chez qui, dites-vous?

LE PASTEUR

Chez son... Mais non; c'est vrai : Engstrand n'est pas son... Bon Dieu, madame, comment est-ce possible? Allez, vous vous serez trompée.

MADAME ALVING

Hélas! Je ne me suis pas trompée. Jeanne a dû se confesser à moi et Alving n'a pu nier. Il ne restait donc qu'à étouffer l'affaire.

LE PASTEUR

Evidemment, il n'y avait pas d'autre parti à prendre.

MADAME ALVING

La fille a immédiatement quitté la maison, après avoir reçu pour prix de son silence une somme assez ronde. Avec cela, une fois en ville, elle a su se retourner seule. Elle y a renouvelé connaissance avec le menuisier Engstrand, à qui elle a laissé entendre combien d'argent elle possédait et à qui elle a conté quelque histoire où il était question d'un étranger qui, l'été précédent, serait entré dans le port avec son yacht. Et voilà comment Engstrand et elle se sont mariés du jour au lendemain. Eh! c'est vous-même qui les avez bénis.

LE PASTEUR

Mais, comment expliquer...? Je me rappelle très bien l'attitude d'Engstrand, lorsqu'il est venu me parler de son mariage. Il était si profondément contrit et se reprochait avec tant d'amertume la légèreté dont sa promise et lui s'étaient rendus coupables.

MADAME ALVING

Il fallait bien qu'il prît la faute sur lui.

LE PASTEUR

Mais toute cette dissimulation, et cela vis-à-vis de moi! je ne m'y serais pas attendu de sa part. Ah! il m'en rendra compte! Et ce sera sérieux. Il peut en être sûr. Et puis, quelle immoralité qu'une telle union! Pour de l'argent! A combien se montait la somme que la fille avait à offrir?

MADAME ALVING

A trois cents écus.

LE PASTEUR

Voyez un peu! Pour trois cents misérables écus, épouser une femme perdue!

MADAME ALVING

Et que dites-vous de moi, qui me suis laissé marier à un homme perdu?

LE PASTEUR

Mais Dieu me pardonne...! Que dites-vous là? Un homme perdu?

MADAME ALVING

Croyez-vous par hasard qu'Alving fût plus pur quand je l'ai accompagné à l'autel que Jeanne quand Engstrand l'épousa?

LE PASTEUR

Les deux cas sont à tel point différents...

MADAME ALVING

Pas tant que cela. Il n'y avait de différence qu'entre : d'un côté, trois cents misérables écus... de l'autre, une fortune.

LE PASTEUR

Voyons! Comment pouvez-vous comparer deux choses si dissemblables? N'aviez-vous pas, vous, pris conseil de vos proches et sondé votre propre cœur?

MADAME ALVING, sans le regarder.

Je croyais que vous aviez compris où ce cœur, comme vous l'appelez, s'était égaré à cette époque.

LE PASTEUR, avec austérité.

Si je l'avais compris, je ne serais pas devenu l'hôte journalier de la maison de votre mari.

MADAME ALVING

Enfin, ce qu'il y a de certain, c'est que je ne m'étais pas consultée.

LE PASTEUR

Bien; mais vous n'en aviez pas moins suivi les prescriptions en prenant l'avis de vos plus proches parents : celui de votre mère et de vos deux tantes.

MADAME ALVING

C'est vrai. Ce sont elles trois qui ont conclu l'affaire et non moi. Etaient-elles assez convaincues que c'eût été folie de repousser une offre semblable! Si ma mère pouvait revenir aujourd'hui et voir où en sont toutes ces splendeurs!

LE PASTEUR

Personne ne peut répondre de l'avenir. Ce qu'il y a de certain, c'est que votre mariage a été conclu strictement selon l'ordre prescrit.

MADAME ALVING, à la fenêtre.

Ah! cet ordre et ces prescriptions! Il me semble parfois que ce sont eux qui causent tous les malheurs de ce monde!

LE PASTEUR

Madame Alving, maintenant, vous commettez un péché.

MADAME ALVING

C'est possible; mais tous ces liens, tous ces égards me sont devenus insupportables. Je ne peux pas... Je veux me dégager, je veux ma liberté.

LE PASTEUR

Que voulez-vous dire?

MADAME ALVING, tambourinant sur une vitre.

Je n'aurais pas dû jeter le manteau sur la vie d'Alving. Mais je n'osais pas agir autrement, même par considération personnelle, tant j'étais lâche.

LE PASTEUR

Lâche?

MADAME ALVING

Si on avait su quelque chose, on aurait dit : Le pauvre homme! il est naturel qu'il se dérange : avec une femme pareille, une femme qui l'abandonne.

LE PASTEUR

On aurait eu quelque droit de tenir ce propos.

MADAME ALVING, le regardant bien en face.

Si j'avais été celle que j'aurais dû être, j'aurais pris Oswald à part et je lui aurais dit : Ecoute, mon garçon, ton père était un homme perdu...

LE PASTEUR

Miséricorde!...

MADAME ALVING

Je lui aurais raconté tout ce que je vous ai raconté à vous-même, ni plus ni moins.

LE PASTEUR

Vous finirez par m'indigner, madame.

MADAME ALVING

Je sais, je sais. Je recule moi-même devant cette pensée (*s'éloignant de la fenêtre*), tant je suis lâche.

LE PASTEUR

Et vous appelez lâcheté le fait de remplir tout simplement votre devoir? Avez-vous oublié qu'un enfant doit amour et respect à ses père et mère?

MADAME ALVING

Pas de généralités. Une question : Oswald doit-il aimer et respecter le chambellan Alving?

LE PASTEUR

N'y a-t-il pas une voix de mère qui vous défend de briser l'idéal de votre fils?

MADAME ALVING

Et la vérité, donc?

LE PASTEUR

Et l'idéal, donc?

MADAME ALVING

Oh! l'idéal, l'idéal! Si j'étais seulement plus courageuse que je ne le suis!

LE PASTEUR

Ne jetez pas la pierre à l'idéal, madame, car il se venge cruellement. Et puisqu'il s'agit d'Oswald, Oswald, hélas! n'est pas très riche en idéal; mais autant que j'ai pu voir, il en est un pour lui : c'est son père.

MADAME ALVING

En cela, vous ne vous trompez pas.

LE PASTEUR

Et ce sentiment, vous l'avez éveillé et nourri vous-même par vos lettres.

MADAME ALVING

Oui, j'étais l'esclave du devoir et des égards; aussi durant des années ai-je menti à mon fils. Oh! lâche, lâche que j'étais!

LE PASTEUR

Vous avez implanté une illusion salutaire dans l'âme de votre fils, madame Alving, et certes ce n'est pas un bien sans valeur.

MADAME ALVING

Hum! qui sait si c'est un bien?... Quant à une intrigue avec Régine, je n'en veux pas. Il ne doit pas s'amuser à faire le malheur de cette pauvre fille.

LE PASTEUR

Ah! grand Dieu, non! Ce serait épouvantable.

MADAME ALVING

Si je savais qu'il eût des intentions sérieuses, et qu'il y allât de son bonheur.

LE PASTEUR

Comment dites-vous? Je ne comprends pas.

MADAME ALVING

Mais ce n'est pas le cas. Malheureusement Régine ne s'y prête pas.

LE PASTEUR

Comment cela? Que voulez-vous dire?

MADAME ALVING

Si je n'étais pas aussi poltronne, il me serait doux de lui dire : Epouse-la ou faites comme il vous plaira; seulement pas de tromperie.

LE PASTEUR

Mais, miséricorde! Un mariage en règle dans ces conditions! Une chose si épouvantable... si inouïe!

MADAME ALVING

Inouïe, dites-vous? La main sur le cœur, pasteur, ne croyez-vous pas qu'autour de nous, dans le pays, il y ait plus d'une union entre gens qui se tiennent de tout aussi près?

LE PASTEUR

Je ne vous comprends pas.

MADAME ALVING

Je vous assure que oui.

LE PASTEUR

Allons! vous faites des hypothèses... Hélas! la vie de famille n'est malheureusement pas toujours aussi pure qu'elle devrait l'être. Mais une chose comme celle à laquelle vous faites allusion ne se sait jamais...

du moins avec certitude. Ici, au contraire... Comment! vous voudriez, vous, sa mère, que votre...

MADAME ALVING

Mais non, je ne le veux pas. Je n'y consentirais à aucun prix. C'est précisément ce que je dis.

LE PASTEUR

Parce que vous êtes lâche... selon votre expression. Ainsi, si vous n'étiez pas lâche... Bonté divine! Une union si révoltante!

MADAME ALVING

Eh! nous en descendons tous, paraît-il, d'unions de cette sorte. Et qui a institué ces choses-là, pasteur?

LE PASTEUR

Ce sont là des sujets dont je ne veux pas m'entretenir avec vous, madame. Vous êtes loin d'être dans la disposition requise. Seulement, quand vous osez dire qu'il y a lâcheté de votre part à...

MADAME ALVING

Ecoutez-moi et sachez comment je l'entends. Si je suis ainsi troublée, craintive, c'est qu'il y a comme un monde de revenants dont je sens quelque chose en moi, quelque chose dont je ne me déferai jamais.

LE PASTEUR

Comment avez-vous dit?

MADAME ALVING

J'ai dit un monde de revenants. Quand j'ai entendu là, à côté, Régine et Oswald, ç'a été comme si le passé s'était dressé devant moi... Mais je suis près de croire, pasteur, que nous sommes tous des revenants. Ce n'est pas seulement le sang de notre père et mère qui coule en nous, c'est encore une espèce d'idée détruite, une sorte de croyance morte, et tout ce qui s'ensuit. Cela ne vit pas, mais ce n'en est pas moins là, au fond de nous-mêmes, et jamais nous ne parvenons à nous en délivrer. Que je prenne un journal et me mette à le lire : je vois des fantômes surgir entre les lignes. Il me semble, à moi, que le pays est peuplé de revenants, qu'il y en a autant que de grains de sable dans la mer. Et puis, tous, tant que nous sommes, nous avons une si misérable peur de la lumière!

LE PASTEUR

Voilà donc le fruit de vos lectures. Beau fruit, en vérité! Ah! ces abominables livres, ces révoltants écrits des libres penseurs!

MADAME ALVING

Vous vous trompez, mon cher pasteur. Celui qui m'a poussé à la réflexion, c'est vous-même, et grâces vous en soient rendues.

LE PASTEUR

Moi?

MADAME ALVING

Oui. Lorsque vous m'avez pliée à ce que vous appeliez le devoir, lorsque vous avez vanté comme juste et équitable ce contre quoi tout mon être se révoltait avec horreur, j'ai commencé à examiner l'étoffe de vos enseignements. Je ne voulais toucher qu'à un seul point; mais, celui-ci défait, tout s'est décousu. Et je vis alors que vos coutures étaient faites à la machine.

LE PASTEUR, lentement, avec émotion.

Serait-ce là le prix de ce qui fut le plus dur combat de ma vie?

MADAME ALVING

Dites plutôt la plus lamentable de vos défaites.

LE PASTEUR

Ce fut la plus grande victoire de ma vie, Hélène : un triomphe sur moi-même.

MADAME ALVING

Un crime envers nous deux.

LE PASTEUR

Quoi? Quand je vous ai suppliée, quand je vous ai dit : « Femme, retournez chez celui qui est votre époux devant la loi », alors que vous, tout égarée, vous étiez venue chez moi en criant : « Me voici, prenez-moi! » vous appelez cela un crime?

MADAME ALVING

Oui, à mon avis.

LE PASTEUR

Vous et moi, nous ne nous comprendrons jamais.

MADAME ALVING

En tout cas, nous ne nous comprenons plus.

LE PASTEUR

Jamais... jamais, dans mes pensées les plus secrètes, je ne vous ai considérée autrement que comme la femme d'un autre.

MADAME ALVING

Vous en êtes sûr?

LE PASTEUR

Hélène!

MADAME ALVING

Il est si facile de perdre la mémoire de soi-même.

LE PASTEUR

Pas tant que cela. Moi, je suis celui que j'ai toujours été.

MADAME ALVING, *changeant de ton.*

Bien, bien, ne parlons plus des jours anciens. Maintenant, vous êtes plongé jusqu'au cou dans les comités et les directions, et moi, je suis là, à lutter contre des revenants, au-dedans comme au-dehors.

LE PASTEUR

Quant à ceux du dehors, je pourrai vous aider à en avoir raison. Après tout ce que j'ai été épouvanté d'apprendre aujourd'hui, je ne puis en conscience prendre sur moi de laisser dans votre maison une jeune fille inexpérimentée.

MADAME ALVING

Ne croyez-vous pas que le mieux serait de lui trouver une position? Je veux dire... quelque bon parti.

LE PASTEUR

Sans aucun doute. Je pense qu'à tous les égards ce serait désirable pour elle. Régine a atteint l'âge où...; mon Dieu, je ne m'entends pas à ces choses-là, mais...

MADAME ALVING

Régine s'est développée de bonne heure.

LE PASTEUR

N'est-ce pas? Je crois me souvenir qu'en fait de développement corporel, elle était déjà très avancée à l'époque où je la préparais à la confirmation. Mais, en attendant, il est nécessaire qu'elle rentre chez elle, en tout cas. Sous l'œil de son père... Mais non! Engstrand n'est pas... Ah! dire qu'il a pu me cacher ainsi la vérité! Lui, lui!

On frappe à la porte du vestibule.

MADAME ALVING

Qui cela peut-il être? Entrez.

ENGSTRAND, en habits du dimanche, à l'entrée.

Pardon, excuse, mais...

LE PASTEUR

Ah! ah! Hm...

MADAME ALVING

C'est vous, Engstrand?

ENGSTRAND

Les bonnes n'étaient pas là; alors j'ai dû prendre l'extrême liberté de frapper à la porte.

MADAME ALVING

C'est bien, c'est bien, entrez. Vous avez quelque chose à me dire?

ENGSTRAND, entrant.

Non, bien obligé, c'est avec monsieur le pasteur que je voudrais causer un petit instant.

LE PASTEUR, arpentant la scène.

Avec moi? C'est à moi que vous voulez parler? A moi, n'est-ce pas?

ENGSTRAND

Ah! oui, je voudrais bien...

LE PASTEUR, s'arrêtant devant lui.

Eh bien, puis-je savoir de quoi il s'agit?

ENGSTRAND

Mon Dieu, voici ce que c'est, monsieur le pasteur : maintenant, là-bas, c'est l'heure de la paie. Bien des remerciements, madame. Et voilà que tout est prêt. Alors j'ai pensé comme cela qu'il serait pourtant convenable à nous, qui avons travaillé de si bon cœur ensemble pendant tout ce temps... J'ai pensé que nous ferions bien de terminer par une petite réunion pieuse.

LE PASTEUR

Une réunion, là-bas, dans l'asile?

ENGSTRAND

Oui... A moins que monsieur le pasteur ne trouve pas ça convenable. Alors...

LE PASTEUR

Certainement, je le trouve convenable, mais... Hm...

ENGSTRAND

J'avais pris moi-même l'habitude d'arranger des petites réunions, le soir...

MADAME ALVING

Vraiment?

ENGSTRAND

Oui, de temps en temps, un petit exercice de piété. Mais je ne suis, moi, qu'un pauvre être humble et grossier. Je n'ai pas les dons nécessaires... que Dieu me vienne en aide... Alors, j'ai pensé que, puisque monsieur le pasteur Manders était ici...

LE PASTEUR

C'est que, voyez-vous, maître Engstrand, j'ai une question préalable à vous poser. Etes-vous dans les dispositions requises pour une telle réunion? Avez-vous la conscience libre et nette?

ENGSTRAND

Oh! que Dieu me pardonne, ce n'est pas la peine de parler de sa conscience, monsieur le pasteur.

LE PASTEUR

Au contraire, c'est précisément à elle que nous avons affaire. Voyons, qu'avez-vous à répondre?

ENGSTRAND

Hé, la conscience peut se trouver quelquefois en défaut.

LE PASTEUR

Allons, vous en convenez du moins. Mais voulez-vous me dire là, franchement, qu'est-ce que c'est que cette histoire de Régine?...

MADAME ALVING, vivement.

Pasteur Manders!

LE PASTEUR, faisant un geste pour la calmer.

Laissez-moi faire.

ENGSTRAND

Régine?... Seigneur! Vous me faites une peur! (*Il regarde Mme Alving.*) Il n'est arrivé aucun mal à Régine?

LE PASTEUR

Il faut l'espérer. Mais ce dont je vous parle, c'est de votre situation, à vous, à l'égard de Régine. On vous tient, n'est-ce pas, pour son père? Eh bien?

ENGSTRAND, hésitant.

Hum! Monsieur le pasteur connaît bien cette affaire entre moi et feue Jeanne...

LE PASTEUR

Il n'y a plus à atténuer la vérité. Votre défunte femme a tout révélé à Mme Alving avant de quitter son service.

ENGSTRAND

Oh! que le...! Là, vrai, elle a fait ça?...

LE PASTEUR

Vous voilà donc démasqué, Engstrand.

ENGSTRAND

... Et elle qui avait juré mort... et damnation...!

LE PASTEUR

Mort et damnation!

ENGSTRAND

Non. Je veux dire : qui avait juré tous ses serments, la main sur le cœur.

LE PASTEUR

Ainsi, pendant tant d'années, vous m'avez caché la vérité! Vous me l'avez cachée, à moi qui vous témoignais une si ferme confiance en tout et toujours!

ENGSTRAND

Hélas! oui j'ai fait ça.

LE PASTEUR

Ai-je mérité que vous me trompiez, Engstrand? Ne m'avez-vous pas toujours trouvé prêt à vous assister en parole et en actions, autant que cela dépendait de moi? Répondez, n'est-ce pas vrai?

ENGSTRAND

Plus d'une fois, en effet, j'aurais eu de la peine à sortir d'embarras, si je n'avais pas eu le pasteur Manders.

LE PASTEUR

Et c'est ainsi que vous m'en récompensez! Vous m'avez fait commettre de fausses inscriptions dans les registres de la paroisse et, durant toute une série d'années, vous ne m'avez donné aucun des éclaircissements que vous me deviez, que vous deviez à la vérité. Votre conduite, Engstrand, est sans excuses, et, dès à présent, tout est fini entre nous!

ENGSTRAND, avec un soupir.

C'est vrai, je le sens bien.

LE PASTEUR

Oui, car de quelle façon pourriez-vous vous justifier?

ENGSTRAND

Mais comment a-t-elle pu vous avouer sa honte? Voyons, monsieur le pasteur, représentez-vous que vous êtes dans la même position que feue Jeanne...

LE PASTEUR

Moi!

ENGSTRAND

Ah! bon Dieu, ce n'est qu'une supposition. Je veux dire, supposons que monsieur le pasteur ait quelque point honteux à cacher aux yeux du monde, comme on dit. Nous autres hommes, nous ne devons pas trop nous hâter de condamner une pauvre femme, monsieur le pasteur.

LE PASTEUR

Ce n'est pas votre femme que j'accuse, c'est vous.

ENGSTRAND

Si j'avais le droit de faire à monsieur le pasteur une toute petite question?

LE PASTEUR

Allons, faites.

ENGSTRAND

Le devoir d'un homme n'est-il pas de relever toute créature qui tombe?

LE PASTEUR

Evidemment.

ENGSTRAND

Et un homme n'est-il pas tenu de faire honneur à sa parole?

LE PASTEUR

Oui encore. Mais...

ENGSTRAND

Après son malheur du fait de cet Anglais, — peut-être était-ce un Américain, ou un Russe, comme on les appelle — Jeanne vint en ville. La pauvre fille, elle m'avait repoussé plusieurs fois déjà, car elle n'avait d'yeux, elle, que pour ce qui était beau, et moi j'avais cette infirmité à la jambe. Eh, oui! monsieur le pasteur se souvient de l'accident. Un jour je m'étais aventuré dans un bal où les matelots, les gens de mer se réjouissaient dans l'ivresse et le délire, comme on dit. Comme je voulais leur persuader d'embrasser une nouvelle vie...

MADAME ALVING, à la fenêtre.

Hum...

LE PASTEUR

Je sais, Engstrand : ces hommes grossiers vous ont précipité du haut en bas de l'escalier. Vous m'avez raconté la chose. Votre infirmité vous fait honneur.

ENGSTRAND

Je n'en tire pas vanité, monsieur le pasteur. Pour lors, je voulais vous raconter comment Jeanne est venue se confier à moi avec des pleurs et des grincements de dents. Je puis bien le dire, monsieur le pasteur, cela me déchirait l'âme d'entendre ses lamentations.

LE PASTEUR

Vraiment, Engstrand? Continuez.

ENGSTRAND

Pour lors, je lui dis : l'Américain il vogue sur les grandes mers, et toi, Jeanne, tu as commis un péché, et tu es une créature déchue. Mais Jacques Engstrand, que je lui dis encore, il est là, lui, solide sur ses jambes. Ça, ce n'était, si l'on peut s'exprimer ainsi, qu'une figure, monsieur le pasteur.

LE PASTEUR

Je vous comprends très bien. Continuez.

ENGSTRAND

Eh bien, je l'ai relevée et épousée à la face du monde, pour qu'on ne sache pas comment elle s'était égarée avec des étrangers.

LE PASTEUR

En tout cela, vous avez dignement agi. Seulement, ce que je ne puis approuver, c'est que vous vous soyez abaissé à accepter de l'argent.

ENGSTRAND

De l'argent! Moi? Pas un denier.

LE PASTEUR, **interrogeant du regard Mme Alving.**

Mais...!

ENGSTRAND

Ah! oui!... Attendez un peu; je me souviens, Jeanne avait quelques sous, c'est vrai. Mais je n'ai jamais voulu en entendre parler. Pouah! ai-je dit, Mammon, c'est le prix du péché, ça. Ce misérable or — peut-être était-ce des bank-notes? je n'en sais rien... nous allons le jeter à la figure de l'Américain, que je dis. Mais il était parti, il avait disparu à travers les mers et les orages, monsieur le pasteur.

LE PASTEUR

Vraiment, mon brave Engstrand?

ENGSTRAND

Bien sûr. Alors, Jeanne et moi, nous sommes convenus que cet argent devait servir à élever l'enfant; et il en a été ainsi, et je puis rendre compte du moindre denier.

LE PASTEUR

Mais cela change considérablement la question.

ENGSTRAND

C'est ainsi que ça s'est passé, monsieur le pasteur, et je puis bien le dire, j'ai été un vrai père pour Régine, dans la mesure de mes forces, car je ne suis, hélas! qu'un pauvre être infirme.

LE PASTEUR

Allons, allons, mon cher Engstrand.

ENGSTRAND

Mais cela, je puis bien le dire, que j'ai élevé l'enfant, que j'ai vécu en esprit d'amour avec feue Jeanne et que j'ai exercé l'autorité dans la maison, comme il est écrit. Et jamais il n'a pu m'entrer dans la tête d'aller trouver le pasteur Manders pour me vanter et faire parade de ce que, moi aussi, j'avais une fois fait une bonne action. Non, quand pareille chose arrive à Jacques Engstrand, il se tait et le garde pour lui. Malheureusement, cela n'arrive pas souvent, comme vous pensez, et quand je suis avec le pasteur Manders, j'ai, ma foi, assez de lui parler d'erreurs et d'infirmités. Car, je répète ce que je disais tout à l'heure, la conscience peut être en défaut de temps à autre.

LE PASTEUR

Donnez-moi votre main, Jacques Engstrand.

ENGSTRAND

O bon Jésus! monsieur le pasteur...

LE PASTEUR

Pas de façons. (*Il lui serre la main.*) Voilà!

ENGSTRAND

Et si je venais maintenant demander pardon à monsieur le pasteur...

LE PASTEUR

Vous? c'est moi, tout au contraire, qui vous dois des excuses.

ENGSTRAND

Ah! pour cela, jamais!

LE PASTEUR

Mais oui. Et je vous les fais de tout mon cœur. Pardonnez-moi de vous avoir soupçonné et si je pouvais vous témoigner d'une façon ou d'une autre ma pleine confiance, ma bienveillance entière...

ENGSTRAND

Vous feriez ça, monsieur le pasteur?

LE PASTEUR

Avec le plus grand plaisir.

ENGSTRAND

C'est que... vous en auriez l'occasion en ce moment même. Avec l'argent que j'ai pu mettre de côté ici, je veux fonder en ville un abri pour les marins.

MADAME ALVING

Tiens!

ENGSTRAND

Oui; ce serait, comme qui dirait, une sorte d'asile. L'homme de mer est assailli par toutes les tentations possibles quand il vient à terre! Mais, chez moi, dans la maison dont je vous parle, il se trouverait comme sous l'œil d'un père, voilà ce que j'ai pensé.

LE PASTEUR

Que dites-vous de cette idée, madame Alving?

ENGSTRAND

Je ne dispose pas de grand-chose, que Dieu me vienne en aide; et si je trouvais une main bienfaisante...

LE PASTEUR

C'est bien, c'est bien; il faudra que nous réfléchissions à cela. Votre dessein me sourit extrêmement. Maintenant, allez à vos affaires et illuminez, pour que cela ait un petit air de fête; après quoi nous nous occuperons de notre réunion édifiante, mon cher Engstrand; car à présent, je vous crois vraiment dans de bonnes dispositions.

ENGSTRAND

Il me semble aussi. Alors, adieu, madame, et merci pour vos bontés; et gardez-moi bien Régine (*il essuie une larme*), l'enfant de feue Jeanne... hum, c'est singulier... mais c'est tout comme si elle m'avait poussé des racines dans le cœur. Ah! bien vrai, oui!

**Il salue et sort par la porte du vestibule.**

LE PASTEUR

Eh bien! Que dites-vous de cet homme, madame Alving? L'explication qu'il nous a donnée diffère un peu de la vôtre...

MADAME ALVING

En effet.

LE PASTEUR

Vous voyez combien il faut prendre garde de porter un jugement sur son prochain. Mais quelle joie aussi de constater qu'on a eu tort! Ne le pensez-vous pas?

MADAME ALVING

Je pense que vous êtes et resterez toujours un grand enfant, Manders.

LE PASTEUR

Moi?

MADAME ALVING, posant ses deux mains sur les épaules du pasteur.

Et j'ajoute que j'ai une grande envie de vous jeter les deux bras autour du cou.

LE PASTEUR, se jetant vivement en arrière.

Non, non, que Dieu vous bénisse!... De pareilles envies!...

MADAME ALVING, souriant.

Allons! n'ayez donc pas peur de moi.

LE PASTEUR, après s'être rapproché de la table.

Vous avez parfois une manière si outrée de vous exprimer. Maintenant, je serre les documents dans mon portefeuille. (*Il le fait.*) Voilà. Au revoir. Ayez les yeux sur Oswald dès qu'il rentrera. Je reviendrai auprès de vous tout à l'heure.

Il prend son chapeau et sort par la porte du vestibule.

MADAME ALVING. Elle pousse un soupir, jette un coup d'œil par la fenêtre, arrange un peu la chambre et se dispose à entrer dans la salle à manger; mais, sur le seuil, elle s'arrête, stupéfaite, et pousse une sourde exclamation.

Oswald! Tu es encore à table!

OSWALD, de la salle à manger.

Je voulais seulement finir mon cigare.

MADAME ALVING

Je croyais que tu étais allé faire un petit tour de promenade.

OSWALD

Par un temps pareil!

On entend un bruit de verres. Mme Alving laisse la porte ouverte et s'assied sur le divan près de la fenêtre, sa broderie à la main.

OSWALD, de la même place.

N'est-ce pas le pasteur Manders qui vient de sortir?

MADAME ALVING

Oui, il est descendu à l'asile.

OSWALD

Hum!

On entend le choc d'un verre et d'un carafon.

MADAME ALVING, avec un coup d'œil inquiet.

Cher Oswald, tu devrais prendre garde à cette liqueur; elle est très forte.

OSWALD

C'est bon contre l'humidité.

MADAME ALVING

Ne préfères-tu pas venir auprès de moi?

OSWALD

Je ne pourrais pas fumer.

MADAME ALVING

Tu sais bien que tu pourras fumer un cigare.

OSWALD

Bon, bon, je viens. Rien qu'une petite goutte encore... Voilà.

Il entre, son cigare à la bouche, et ferme la porte sur lui. Un court silence.

OSWALD

Où est allé le pasteur?

MADAME ALVING

Mais je viens de te dire qu'il est descendu à l'asile.

OSWALD

C'est juste.

MADAME ALVING

Tu ne devrais pas rester si longtemps à table, Oswald.

OSWALD, passant derrière le dos la main qui tient le cigare.

Mais je trouve cela exquis, mère. (*Il la caresse et lui donne de petites tapes.*) Pense donc : pour moi qui viens de rentrer, être assis à la table de petite mère, dans la chambre de petite mère, et manger de l'excellente cuisine de petite mère.

MADAME ALVING

Mon cher, mon garçon chéri.

OSWALD. Il se lève, marche et fume avec quelque impatience.

Et que faire ici sans cela? Je ne puis pas me mettre au travail.

MADAME ALVING

Vraiment? Tu ne le pourrais pas?

OSWALD

Par un temps gris, comme celui-ci? Sans un rayon de soleil de toute la journée? (*Il arpente la scène.*) Oh! quel supplice de ne pas pouvoir travailler...!

MADAME ALVING

C'est peut-être un peu irréfléchi de ta part d'être revenu?

OSWALD

Non, mère, il le fallait.

MADAME ALVING

C'est que j'aimerais cent fois mieux être privée du bonheur de t'avoir chez moi, que de te voir...

OSWALD, s'arrêtant devant la table.

Mais... dis-moi, mère : est-ce vraiment un si grand bonheur pour toi de m'avoir ici?

MADAME ALVING

Si c'est un bonheur?

OSWALD, froissant un journal.

Il me semble que cela devrait t'être plus ou moins indifférent que j'existe ou non.

MADAME ALVING

Et tu as le cœur de dire cela à ta mère, Oswald?

OSWALD

Tu as si bien pu vivre sans moi jusqu'à présent.

MADAME ALVING

Oui, j'ai vécu sans toi, c'est vrai...

Un silence. Le jour baisse peu à peu. Oswald arpente la scène. Il a déposé son cigare.

OSWALD, s'arrêtant devant Mme Alving.

Mère, puis-je m'asseoir près de toi?

MADAME ALVING, lui faisant de la place.

Oui, viens, viens, mon petit.

OSWALD, s'asseyant.

Maintenant, il faut que je te dise quelque chose, mère.

MADAME ALVING, l'oreille tendue.

Quoi?

OSWALD, regardant fixement devant lui.

Je ne puis pas garder cela longtemps sur le cœur.

MADAME ALVING

Garder quoi? Qu'y a-t-il?

OSWALD. Même jeu.

Je n'ai pas pu prendre sur moi de t'écrire à ce sujet; et depuis mon retour...

MADAME ALVING, lui saisissant le bras.

Oswald! Qu'est-ce donc?

OSWALD

Hier et aujourd'hui, j'ai essayé de me délivrer de mes pensées... de les secouer. Rien n'y fait.

MADAME ALVING, se levant brusquement.

Tu vas tout me dire, Oswald.

OSWALD, la faisant se rasseoir.

Reste là. J'essaierai. Je me suis plaint d'une fatigue causée par le voyage...

MADAME ALVING

Oui, eh bien?

OSWALD

Eh bien, ce n'est pas cela, ou plutôt ce n'est pas une fatigue ordinaire...

MADAME ALVING, cherchant de nouveau à se lever.

Tu n'es pas malade, au moins, Oswald?

OSWALD, l'obligeant encore à rester assise.

Reste là, mère. Ecoute-moi tranquillement. Ce n'est pas une maladie que j'ai, ce n'est pas ce qu'on appelle généralement une maladie. (*Croisant les mains sur sa tête.*) Maman! je suis brisé d'esprit, je suis un homme fini... Jamais je ne pourrai plus travailler!

La figure dans les mains, il se laisse tomber aux genoux de sa mère et éclate en sanglots.

MADAME ALVING, pâle et tremblante.

Oswald! Regarde-moi! Non, non, tout cela n'est pas vrai.

OSWALD, la regardant d'un œil désespéré.

Ne plus jamais travailler! Jamais... jamais! Etre comme un mort vivant! Mère, peux-tu te figurer cette horreur?

MADAME ALVING

Mon malheureux enfant! Mais d'où vient-elle, cette horreur? Comment cela t'a-t-il pris?

OSWALD

Ah! c'est précisément cela dont je ne puis pas me rendre compte. Je n'ai jamais mené une vie orageuse, sous aucun rapport : tu peux me croire. Je suis sincère.

MADAME ALVING

Mais, Oswald, je n'en doute pas.

OSWALD

Cela m'a pris quand même. Un si épouvantable malheur!

MADAME ALVING

Oh! tout se dissipera, mon petit. Ce n'est qu'un excès de travail, crois-le bien.

OSWALD, sourdement.

C'est ce que je pensais, au commencement. Mais il y a autre chose.

MADAME ALVING

Raconte-moi tout, d'un bout à l'autre.

OSWALD

C'est mon intention.

MADAME ALVING

Quand as-tu remarqué cela pour la première fois?

OSWALD

Dès mon arrivée à Paris, après mon dernier séjour ici. J'ai senti d'abord de très violents maux de tête, spécialement à la nuque, me semblait-il, comme si j'avais eu le crâne dans un étau.

MADAME ALVING

Ensuite?

OSWALD

Je crus que c'était le mal de tête dont j'avais tant souffert à l'époque de la croissance.

MADAME ALVING

Oui, oui...

OSWALD

Mais ce n'était pas cela. Je ne tardai pas à m'en convaincre. Il me fut impossible de travailler. Je voulus me mettre à un grand tableau; mais ce fut comme si mes facultés me manquaient. Toute ma force était comme paralysée; je ne pouvais pas me concentrer et arriver à des images fixes. Tout tournait autour de moi, comme si j'avais eu le vertige, ce fut là un terrible état! A la fin, j'envoyai chercher le médecin, et, par lui, je sus tout.

MADAME ALVING

Que veux-tu dire?

OSWALD

C'était un des grands médecins de là-bas. Il fallut lui décrire ce que j'éprouvais; après quoi il se mit à me poser toute une série de questions qui me parurent n'avoir rien à faire avec mon état; je ne concevais pas où il voulait en venir.

MADAME ALVING

Continue.

OSWALD

Il finit par me dire : il y a en vous depuis votre naissance quelque chose de pourri, c'est l'expression française dont il s'est servi.

MADAME ALVING, écoutant avec une attention concentrée.

Que voulait-il dire?

OSWALD

C'est précisément ce que je ne comprenais pas, je le priai donc de s'expliquer plus clairement. Il dit alors, le vieux cynique... (*Fermant le poing.*) Oh!...

MADAME ALVING

Il dit?

OSWALD

Il dit : Les péchés des pères retombent sur les enfants.

MADAME ALVING, se levant lentement.

Les péchés des pères...!

OSWALD

J'avais envie de le frapper au visage.

MADAME ALVING, traversant la scène.

Les péchés des pères...

OSWALD, avec un pénible sourire.

Oui, que t'en semble? Naturellement je l'assurai qu'il ne pouvait être question de rien de semblable dans mon cas. Crois-tu qu'il se soit rétracté? Pas du tout, il maintint son dire; et ce n'est qu'après que j'eus pris tes lettres, dont je lui traduisis les passages où il était question de père...

MADAME ALVING

Alors...?

OSWALD

Alors, il fut bien obligé de reconnaître qu'il avait fait fausse route. Et c'est ainsi que j'appris la vérité, l'incompréhensible vérité! Cette bienheureuse existence de jeunesse, cette joyeuse camaraderie... J'aurais dû m'abstenir. J'avais excédé mes forces. Par ma propre faute, alors...!

MADAME ALVING

Oswald! Mais non! Ne crois donc pas cela!

OSWALD

Il n'y avait pas d'autre explication possible, m'a-t-il dit. C'est là ce qu'il y a de plus affreux. Irréparablement perdu, pour toute ma vie, par ma propre étourderie. Tout ce que j'aurais pu faire en ce monde, — ne pas même y songer; ne pas y songer! Oh! que ne puis-je revivre! — faire que tout cela ne soit pas arrivé!

Il se laisse tomber, le visage contre le divan.

MADAME ALVING se tord les mains et arpente la scène dans une muette perplexité.

OSWALD, après un instant, se soulevant à demi et restant accoudé.

Si encore c'était un héritage, une chose contre laquelle j'aurais été impuissant... mais comme cela! Honteusement, sottement, à la légère, avoir dilapidé son bonheur, sa santé, tout... son avenir, sa vie...!

MADAME ALVING

Non, non, mon petit; c'est impossible! (*Elle se penche sur lui.*) Ton cas n'est pas aussi désespéré que tu le crois.

OSWALD

Ah! tu ne sais pas... (*Il se lève en sursaut.*) Et tout ce chagrin, maman, ce chagrin que je te cause. Plus d'une fois j'aurais désiré qu'au fond tu t'inquiètes moins de moi. Je l'ai presque espéré.

MADAME ALVING

Moi, Oswald! Mon unique enfant! Ce que j'ai de plus précieux au monde, mon seul souci.

OSWALD, saisissant les mains de sa mère et les couvrant de baisers.

Oui, oui, je le vois bien, quand je suis à la maison, je le vois bien, mère. Et c'est encore une des choses qui me pèsent le plus. Mais à présent, tu sais tout et nous n'en parlerons plus aujourd'hui. Je ne puis pas y penser longtemps de suite. (*Il remonte la scène.*) Fais-moi donner quelque chose à boire, mère.

MADAME ALVING

A boire? Que veux-tu boire, à cette heure?

OSWALD

Eh! n'importe quoi. Tu as bien du punch froid à la maison?

MADAME ALVING

Oui, mais, mon cher Oswald...

OSWALD

Ne t'oppose pas à cela, mère. Sois gentille. Il me faut quelque chose pour noyer toutes les pensées qui me rongent. (*Il entre dans le jardin d'hiver.*) Et puis cette obscurité qui règne ici!

MADAME ALVING. Elle tire un cordon de sonnette à droite.

OSWALD

Et cette pluie continuelle! Cela peut durer ainsi une semaine après l'autre, des mois entiers, sans interruption. Jamais un rayon de soleil! Pendant tous les séjours que j'ai faits à la maison, je ne me souviens pas d'avoir vu le soleil.

MADAME ALVING

Oswald, tu songes à me quitter.

OSWALD

Hum... (*Soupirant profondément.*) Je ne pense à rien. Je ne puis penser à rien. (*Baissant la voix.*) Je m'en garde bien.

RÉGINE, venant de la salle à manger.

Madame a sonné?

MADAME ALVING

Oui, apportez-nous la lampe.

RÉGINE

Tout de suite, madame. Elle est allumée.

Elle s'en va.

MADAME ALVING, s'approchant d'Oswald.

Oswald, ne dissimule pas avec moi.

OSWALD

Je ne te cache rien, mère. (*S'approchant de la table.*) Il me semble que je t'ai fait beaucoup d'aveux...

Régine apporte la lampe et la pose sur la table.

MADAME ALVING

Ecoute, Régine : va nous chercher une demi-bouteille de champagne.

RÉGINE

Oui, madame.

Elle sort.

OSWALD, prenant la tête de Mme Alving.

Voilà qui est bien. Je savais bien que ma petite mère ne souffrirait pas que son garçon eût soif.

MADAME ALVING

Mon pauvre cher Oswald! Comment pourrais-je te refuser quelque chose à présent?

OSWALD, vivement.

Est-ce vrai, mère? C'est sérieux?

MADAME ALVING

Comment...? Quoi...?

OSWALD

Que tu n'as rien à me refuser?

MADAME ALVING

Mais, mon cher Oswald...

OSWALD

Chut!

RÉGINE, apportant sur un plateau une demi-bouteille de champagne qu'elle pose sur la table.

Faut-il déboucher?

OSWALD

Merci, je vais le faire moi-même.

Régine sort.

MADAME ALVING, s'asseyant à la table.

Qu'y a-t-il donc que je ne devrais pas te refuser? A quoi pensais-tu?

OSWALD, en train d'ouvrir la bouteille.

D'abord un verre... ou deux.

Il fait sauter le bouchon, remplit un verre et veut en remplir un second.

MADAME ALVING, lui retenant la main.

Merci... Je n'en prendrai pas.

OSWALD

Allons, ce sera donc pour moi.

Il vide le verre, le remplit une seconde fois et le vide de nouveau, après quoi il s'assied à la table.

MADAME ALVING, attendant qu'il parle.

Eh bien?

OSWALD, sans la regarder.

Ecoute. Vous me paraissiez, toi et le pasteur Manders, bien singuliers... hum... bien silencieux, à table.

MADAME ALVING

Tu l'as remarqué?

OSWALD

Oui. Hum. (*Après un instant de silence.*) Dis-moi... que penses-tu de Régine?

MADAME ALVING

Ce que j'en pense?

OSWALD

Oui. N'est-elle pas superbe?

MADAME ALVING

Mon cher Oswald, tu ne la connais pas comme moi.

OSWALD

Cela veut dire?

MADAME ALVING

Régine est malheureusement restée trop longtemps chez elle; j'aurais dû la recueillir plus tôt.

OSWALD

Oui, mais n'est-elle pas superbe à voir, mère?

Il remplit son verre.

MADAME ALVING

Régine a de nombreux et de grands défauts...

OSWALD

Eh bien, qu'est-ce que cela fait?

Il boit encore.

MADAME ALVING

Mais je ne l'en affectionne pas moins, et je suis responsable d'elle. Je ne voudrais à aucun prix qu'il lui arrivât quoi que ce fût.

OSWALD, se levant d'un bond.

Mère, Régine est mon unique salut!

MADAME ALVING

Que veux-tu dire?

OSWALD

Je ne puis continuer à supporter ce tourment tout seul.

MADAME ALVING

N'as-tu pas ta mère pour le supporter avec toi?

OSWALD

Oui, je le croyais; et c'est pourquoi je suis rentré. Mais cela ne pourra pas durer ainsi, et je le vois bien; cela n'ira pas. Je ne puis passer ici toute mon existence.

MADAME ALVING

Oswald!

OSWALD

Je dois vivre autrement, mère. Voilà pourquoi il faut que je te quitte. Je ne veux pas que tu aies toujours ce spectacle sous les yeux.

MADAME ALVING

Mon malheureux enfant! Mais aussi longtemps que tu seras malade, Oswald...

OSWALD

Si ce n'était que la maladie, je resterais avec toi, mère, car tu es le meilleur ami que j'aie au monde.

MADAME ALVING

Oui, n'est-ce pas, Oswald? Dis!

OSWALD, allant avec inquiétude de place en place.

Mais ce sont tous ces tourments, tous ces remords... et puis cette grande, cette mortelle angoisse. Oh!... cette affreuse angoisse!

MADAME ALVING, marchant derrière lui.

Angoisse? Quelle angoisse? Que veux-tu dire?

OSWALD

Ah! ne me questionne pas là-dessus. Je ne sais pas. Je ne puis pas te décrire cela.

MADAME ALVING. Elle passe à droite et tire le cordon de la sonnette.

OSWALD

Que veux-tu?

MADAME ALVING

Je veux que mon garçon soit gai. Voilà! Il ne faut pas qu'il broie du noir. (*A Régine qui paraît à la porte.*) Encore du champagne! Une bouteille entière, cette fois.

Régine sort.

OSWALD

Mère!

MADAME ALVING

Crois-tu que nous ne sachions pas vivre, ici, nous autres?

OSWALD

N'est-elle pas superbe à voir? Comme elle est bâtie! Et saine jusqu'à la moelle des os.

MADAME ALVING, s'asseyant à la table.

Mets-toi là, Oswald, et causons tranquillement.

OSWALD, s'asseyant.

Tu ne sais pas, mère, que j'ai un tort à réparer envers Régine.

MADAME ALVING

Toi?

OSWALD

Ou plutôt une petite imprudence, si tu aimes mieux, fort innocente d'ailleurs. La dernière fois que je suis venu ici...

MADAME ALVING

Eh bien?

OSWALD

Elle m'a beaucoup questionné sur Paris, et je lui en ai parlé en long et en large. Et un jour, je m'en souviens, il m'est arrivé de lui dire : « Vous n'auriez pas envie d'y aller vous-même? »

MADAME ALVING

Alors?

OSWALD

Elle devint toute rouge et me dit : « Oui, j'en aurais bien envie. — C'est bien, répondis-je, c'est bien, il y aura peut-être moyen d'arranger cela! »

MADAME ALVING

Et puis?

OSWALD

Naturellement, j'avais tout oublié; lorsque, avant-hier, je lui ai demandé si elle était contente du long séjour que j'allais faire ici...

MADAME ALVING

Eh bien?

OSWALD

Elle m'a regardé d'une singulière façon, et m'a répondu : « Eh bien! et mon voyage de Paris? »

MADAME ALVING

Son voyage?

OSWALD

J'appris alors qu'elle avait pris la chose au sérieux, qu'elle avait pensé à moi tout le temps et s'était mise à apprendre le français.

MADAME ALVING

C'était donc cela...

OSWALD

Mère! Quand j'ai vu cette superbe fille devant moi, jolie, pleine de santé, — je ne l'avais jamais remarquée jusque-là — quand je la vis, je puis dire, les bras ouverts, prête à me recevoir...

MADAME ALVING

Oswald!

OSWALD

... j'eus la révélation qu'en elle était le salut. C'est la joie de vivre que je voyais devant moi.

MADAME ALVING, frappée.

La joie de vivre...? Est-ce donc là le salut?

RÉGINE, apparaissant sur le seuil, une bouteille à la main.

Je vous demande pardon d'être restée si longtemps, mais j'ai dû descendre à la cave.

OSWALD

Donnez-nous un nouveau verre.

RÉGINE, le regardant avec étonnement.

Voici le verre de madame, monsieur Alving.

OSWALD

Oui, mais un verre pour toi, Régine.

RÉGINE. Elle tressaille et regarde timidement Mme Alving.

OSWALD

Eh bien?

RÉGINE, avec hésitation, baissant la voix.

Madame consent-elle...?

MADAME ALVING

Va chercher le verre, Régine.

Régine passe dans la salle à manger.

OSWALD, la suivant des yeux.

As-tu remarqué sa démarche? Si ferme et si hardie!

MADAME ALVING

Cela ne se peut pas, Oswald!

OSWALD

C'est décidé. Tu vois bien. Inutile de me contredire.

RÉGINE. Elle rentre avec un verre qu'elle garde dans la main.

OSWALD

Assieds-toi, Régine.

RÉGINE. Elle interroge du regard Mme Alving.

MADAME ALVING

Assieds-toi.

RÉGINE. Elle prend place sur une chaise, près de la porte de la salle à manger, et continue à tenir le verre vide.

MADAME ALVING

Oswald... que me disais-tu de la joie de vivre?

OSWALD

Oh! mère, la joie de vivre...! Vous ne la connaissez guère dans le pays. Je ne la sens jamais ici.

MADAME ALVING

Pas même quand tu es chez moi?

OSWALD

Pas quand je suis à la maison. Mais tu ne me comprends pas.

MADAME ALVING

Mais si, je crois presque saisir ton idée... maintenant.

OSWALD

La joie de vivre... et puis la joie de travailler. Hé! c'est au fond la même chose. Mais cette joie vous est également inconnue.

MADAME ALVING

Tu as peut-être raison. Parle-moi encore de cela, Oswald.

OSWALD

Tiens, je pense tout simplement qu'on apprend ici à regarder le travail comme un fléau de Dieu, une punition de nos péchés, et la vie comme une chose misérable, dont nous ne pouvons jamais être délivrés assez tôt.

MADAME ALVING

Une vallée de larmes, oui. Et vraiment nous nous appliquons consciencieusement à la rendre telle.

OSWALD

Mais, là-bas, on ne veut rien savoir de tout cela. Là-bas, ces sortes d'enseignements ne trouvent plus de croyants. Là-bas, on peut se sentir plein de joie, de félicité, rien que parce qu'on vit. Mère, as-tu remarqué que tout ce que j'ai peint tourne autour de la joie de vivre? La joie de vivre, partout et toujours. Là, tout est lumière, rayon de soleil, air de fête... et les figures humaines resplendissent de contentement. Voilà pourquoi j'ai peur de rester ici.

MADAME ALVING

Peur? De quoi as-tu peur chez moi?

OSWALD

J'ai peur que tout ce qui fermente en moi ne se transforme en mal ici.

MADAME ALVING, le regardant fixement.

Tu crois cela possible?

OSWALD

J'en suis absolument sûr. Je pourrais essayer de mener ici la même vie que là-bas; et ce ne serait pourtant pas la même chose.

MADAME ALVING, qui a écouté avec une attention croissante, se levant et fixant sur lui un regard profond et pensif.

Maintenant, je saisis tout!

OSWALD

Quoi?

MADAME ALVING

C'est la première fois que je vois la vérité, et maintenant je puis parler.

OSWALD, se levant.

Mère, je ne te comprends pas.

RÉGINE, qui s'est également levée.

Peut-être dois-je sortir?

MADAME ALVING

Non, reste. Maintenant je puis parler. Maintenant, mon fils, tu vas tout savoir exactement; et puis tu prendras une détermination. Oswald! Régine...

OSWALD

Silence. Le pasteur...

LE PASTEUR, entrant par la porte du vestibule.

Voilà! Nous avons eu une de ces petites réunions qui font plaisir au cœur.

OSWALD

Nous aussi.

LE PASTEUR

Il faut venir en aide à Engstrand à propos de cet abri pour les marins. Il faut que Régine aille le rejoindre et lui prête son concours...

RÉGINE

Non, merci, monsieur le pasteur.

LE PASTEUR, qui ne l'avait pas encore remarquée.

Quoi...? Ici!... et un verre à la main!

RÉGINE, s'empressant de poser son verre.

Pardon!...

OSWALD

Régine part avec moi, monsieur le pasteur.

LE PASTEUR

Elle part? Avec vous?

OSWALD

Oui, en qualité d'épouse... si elle l'exige.

LE PASTEUR

Mais, miséricorde...!

RÉGINE

Je n'y puis rien, monsieur le pasteur.

OSWALD

Ou bien, elle reste ici, si j'y reste.

RÉGINE, involontairement.

Ici!

LE PASTEUR

Vous me stupéfiez, madame Alving.

MADAME ALVING

Rien de tout cela n'arrivera, car, maintenant, je puis tout dire.

LE PASTEUR

Mais vous ne le voudriez pas! Non, non, non!

MADAME ALVING

Je le puis et je le veux. Et rassurez-vous, il n'y aura pas d'idéal renversé.

OSWALD

Mère, que me cache-t-on ici?

RÉGINE, écoutant.

Madame! Ecoutez! Il y a du monde dehors. On crie.

*Elle passe dans le jardin d'hiver et regarde par la fenêtre.*

OSWALD, à la fenêtre de gauche.

Que se passe-t-il? D'où vient cette lueur?

RÉGINE, poussant un cri.

Le feu est à l'asile!

MADAME ALVING, à la fenêtre.

Le feu!

LE PASTEUR

Le feu! Impossible; j'en viens.

OSWALD

Où est mon chapeau? Ah! peu importe... L'asile de mon père?

*Il sort en courant par la porte qui donne sur le jardin.*

MADAME ALVING

Mon châle, Régine! Tout est en flammes!

LE PASTEUR

C'est épouvantable! Madame Alving, c'est le châtiment qui éclate sur ce lieu de perdition!

MADAME ALVING

Oui, oui, certainement. Viens, Régine.

*Elle se précipite, suivie de Régine, par la porte du vestibule.*

LE PASTEUR, joignant les mains.

Et pas assuré!

*Il sort derrière elles.*

RIDEAU

# ACTE III

## LE DÉCOR

**Même décor. Toutes les portes sont ouvertes. La lampe continue à brûler sur la table. Il fait nuit dehors; rien qu'une faible lueur au fond du paysage à gauche.**

Mme Alving, un grand châle sur la tête, regarde par une fenêtre du jardin d'hiver. Régine, enveloppée dans un châle, se tient à une petite distance derrière elle.

MADAME ALVING

Tout a brûlé. Tout est détruit.

RÉGINE

Il y a encore du feu au sous-sol.

MADAME ALVING

Et Oswald qui ne revient pas! Il n'y a pourtant rien à sauver.

RÉGINE

Peut-être faut-il que je descende lui porter son chapeau?

MADAME ALVING

Il n'a même pas pris son chapeau?

RÉGINE, montrant du doigt le vestibule.

Non, il est suspendu à la patère.

MADAME ALVING

Laisse-le là. Il ne peut pas tarder à rentrer. Je vais voir moi-même...

Elle sort par la porte donnant sur le jardin.

LE PASTEUR, entrant par la porte du vestibule.

Madame Alving n'est pas là?

RÉGINE

Elle vient de descendre au jardin.

LE PASTEUR

C'est la plus terrible nuit que j'aie jamais passée.

RÉGINE

Oui, n'est-ce pas un affreux malheur, monsieur le pasteur?

LE PASTEUR

Oh! ne m'en parlez pas. C'est à peine si j'y puis penser.

RÉGINE

Mais comment le feu a-t-il pris?

LE PASTEUR

Ne me demandez rien, mademoiselle Engstrand! Du reste, puis-je le savoir? Vous voulez donc aussi...! N'est-ce pas assez que votre père...?

RÉGINE

Qu'a-t-il fait?

LE PASTEUR

Oh! il finira par me rendre fou.

ENGSTRAND, entrant par la porte du vestibule.

Monsieur le pasteur...!

LE PASTEUR, se retournant avec effroi.

Comment? Vous me poursuivez jusqu'ici!

ENGSTRAND

Oui, que le Ciel me détruise...! Ah! Seigneur Jésus! Mais toutes vos lamentations ne servent à rien, monsieur le pasteur.

RÉGINE

Qu'y a-t-il?

ENGSTRAND

Ah! vois-tu, tout cela vient de cette réunion pieuse. (*Bas.*) A nous la timbale, mon enfant! (*Haut.*) Ainsi, c'est grâce à moi que monsieur le pasteur a commis la faute.

LE PASTEUR

Mais je vous assure, Engstrand...

ENGSTRAND

Il n'y a que monsieur le pasteur qui se soit occupé des lumières.

LE PASTEUR, s'arrêtant.

Oui, vous le prétendez; mais je ne me souviens pas d'avoir eu une lumière en main.

ENGSTRAND

Et moi qui ai vu distinctement monsieur le pasteur moucher une chandelle avec les doigts et en jeter la mèche dans les sciures.

LE PASTEUR

Vous avez vu cela?

ENGSTRAND

Certainement.

LE PASTEUR

Je n'y comprends rien. D'autant que je n'ai pas l'habitude de moucher les chandelles avec les doigts.

ENGSTRAND

Il est vrai que ça a l'air bien sale. Mais est-ce vraiment une habitude dangereuse, monsieur le pasteur?

LE PASTEUR, marchant, inquiet.

Oh! ne me questionnez donc pas comme cela!

ENGSTRAND, le suivant.

Et puis, monsieur le pasteur n'avait pas pris d'assurance?

LE PASTEUR, continuant à marcher.

Non, non, non; vous le savez bien.

ENGSTRAND, le suivant.

Pas d'assurance! Et venir, comme cela, mettre le feu... Jésus, Jésus, quel malheur!

LE PASTEUR, s'essuyant le front.

Ah! vous pouvez bien le dire, Engstrand.

ENGSTRAND

Et que pareille chose arrive à un établissement de bienfaisance, qui devait rendre service à la ville et aux faubourgs, comme on dit! Les gazettes, je le crains, ne traiteront pas comme il convient monsieur le pasteur.

LE PASTEUR

Non, c'est justement à quoi je pense. C'est peut-être là le pis. Toutes ces attaques haineuses, toutes ces accusations...! Ah! c'est affreux d'y songer.

MADAME ALVING, entrant par la porte donnant sur le jardin.

On ne peut pas l'éloigner du brasier.

LE PASTEUR

Ah! vous êtes là, madame.

MADAME ALVING

Au moins, vous avez échappé au discours d'inauguration, pasteur Manders.

LE PASTEUR

Oh! j'aurais si volontiers...

MADAME ALVING, d'une voix sourde.

Il valait mieux qu'il en fût ainsi; il ne serait résulté rien de bon de cet asile.

LE PASTEUR

Vous croyez?

MADAME ALVING

En doutez-vous?

LE PASTEUR

Ce n'en est pas moins un immense malheur.

MADAME ALVING

Expliquons-nous en quelques mots sur ce point, comme sur une question d'intérêts... Attendez-vous le pasteur, Engstrand?

ENGSTRAND, près de la porte du vestibule.

Oui, je l'attends.

MADAME ALVING

Asseyez-vous, en ce cas.

ENGSTRAND

Merci, je suis très bien debout.

MADAME ALVING, au pasteur.

Vous prendrez probablement le bateau à vapeur?

LE PASTEUR

Oui, dans une heure.

MADAME ALVING

S'il en est ainsi, ayez l'obligeance d'emporter tous les papiers. Je ne veux plus entendre parler de cette affaire. J'ai d'autres préoccupations à cette heure.

LE PASTEUR

Madame Alving...

MADAME ALVING

Plus tard je vous enverrai des pleins pouvoirs pour terminer les choses comme vous l'entendrez.

LE PASTEUR

Je m'en chargerai bien volontiers. La disposition première du testament devient malheureusement tout à fait inapplicable.

MADAME ALVING

Cela va de soi.

LE PASTEUR

Voici donc comment je compte arranger l'affaire en attendant : l'enclos de Solvik appartiendra à la commune. La terre n'est pas sans valeur. Elle pourra toujours servir à quelque chose. Quant à la rente du capital qui reste à la caisse d'épargne, je pourrai peut-être convenablement l'employer pour le bien de la ville.

MADAME ALVING

Il en sera comme vous le voudrez. Tout cela m'est aujourd'hui parfaitement indifférent.

ENGSTRAND

Pensez à mon refuge pour les marins, monsieur le pasteur.

LE PASTEUR

Oui, peut-être bien; c'est une idée. Nous verrons. Il faudra réfléchir.

ENGSTRAND

Non, foutre! pas de réflexion... (*Se reprenant.*) Ah! seigneur Jésus!...

LE PASTEUR, avec un soupir.

Et puis, je ne sais malheureusement pas combien de temps j'aurai à m'occuper de ces affaires et si l'opinion publique ne me forcera pas à me retirer. Tout dépend du résultat de l'enquête.

MADAME ALVING

Que dites-vous là?

LE PASTEUR

Et ce résultat, on ne saurait le prévoir d'avance.

ENGSTRAND, s'approchant de lui.

Pardon, on peut le prévoir. Regardez bien Jacques Engstrand.

LE PASTEUR

Oui, oui, mais...?

ENGSTRAND, plus bas.

Jacques Engstrand n'est pas homme à abandonner un généreux bienfaiteur à ce qu'on appelle l'heure du péril.

LE PASTEUR

Oui, mon cher, mais comment?

ENGSTRAND

Jacques Engstrand est, comme qui dirait, l'ange du salut, monsieur le pasteur!

LE PASTEUR

Non, non, voilà ce que je ne puis accepter, bien certainement.

ENGSTRAND

Et pourtant cela sera. J'en sais un, moi, qui, une fois déjà, a pris sur lui la faute d'autrui.

LE PASTEUR

Jacques! (*Il lui serre la main.*) Vous êtes un homme rare. Allons! on fera le nécessaire pour votre asile, vous pouvez y compter.

ENGSTRAND. Il veut remercier, mais est étranglé par l'émotion.

LE PASTEUR, mettant son sac de voyage en bandoulière.

Et maintenant, en avant! Nous partons ensemble, nous deux.

ENGSTRAND, bas à Régine qui se tient près de la porte de la salle à manger.

Viens avec moi, fillette; tu seras comme coq en pâte.

RÉGINE, hochant la tête.

Merci!

Elle passe dans le vestibule et tend au pasteur sa valise.

LE PASTEUR

Adieu, madame Alving! Et puisse l'esprit d'ordre et de régularité pénétrer bientôt dans cette demeure.

MADAME ALVING

Adieu, Manders!

Elle gagne le jardin d'hiver, en voyant Oswald entrer par la porte du jardin.

ENGSTRAND, secondé par Régine, aidant le pasteur à mettre son pardessus.

Adieu, mon enfant, et si quelque chose t'arrivait, tu sais où trouver Jacques Engstrand. (*Bas.*) Petite rue du Port, hum...! (*A Mme Alving et à Oswald.*) Et la maison des marins s'appellera l' « Asile du chambellan Alving »... voilà. Et, s'il m'est permis de diriger cette maison comme je l'entends, on peut être sûr qu'elle sera digne de feu monsieur le chambellan.

LE PASTEUR, à la sortie.

Hum...! Venez, mon cher Engstrand. Adieu, adieu!

Ils sortent par le vestibule.

OSWALD, s'approchant de la table.

Qu'est-ce que cette maison dont il parlait?

MADAME ALVING

Une sorte d'asile qu'ils veulent fonder, lui et le pasteur Manders.

OSWALD

Cela va brûler comme ici.

MADAME ALVING

D'où te vient cette idée?

OSWALD

Tout va brûler. Il ne restera rien pour rappeler la mémoire de mon père. Et moi aussi je brûle.

MADAME ALVING

Oswald! Tu n'aurais pas dû rester si longtemps là-bas, mon pauvre garçon.

OSWALD, *s'asseyant à la table.*

Je crois que tu as raison.

MADAME ALVING

Laisse-moi essuyer ton visage, Oswald; tu es tout mouillé.

*Elle l'essuie avec son mouchoir.*

OSWALD, *promenant devant lui un regard indifférent.*

Merci, mère.

MADAME ALVING

N'es-tu pas fatigué, Oswald? Tu voudrais dormir peut-être?

OSWALD, *avec angoisse.*

Non, non... je ne veux pas dormir! Je ne dors jamais, je fais semblant. (*D'une voix sourde.*) Cela viendra bien assez tôt.

MADAME ALVING, *le regardant avec inquiétude.*

Ah! c'est donc vrai que tu es malade, mon enfant chéri?

RÉGINE, *l'oreille tendue.*

Monsieur Alving est malade?

OSWALD, *avec impatience.*

Et puis, fermez toutes les portes! Cette angoisse mortelle...

MADAME ALVING

Ferme, Régine.

*Régine ferme et se tient à la porte du vestibule. Mme Alving ôte son châle; Régine en fait autant.*

MADAME ALVING, approchant une chaise d'Oswald et s'asseyant auprès de lui.

Tu vois : je me mets à côté de toi.

OSWALD

Oui, c'est ça! il faut aussi que Régine reste là. Il faut que Régine se tienne toujours près de moi. Tu me tendras la main, Régine, n'est-ce pas?

RÉGINE

Je ne comprends pas.

MADAME ALVING

Elle te tendra la main?

OSWALD

Oui... Quand il le faudra.

MADAME ALVING

Oswald, ta mère n'est-elle pas là pour te tendre la main?

OSWALD

Toi? (*Souriant.*) Non, mère; ce service-là tu ne peux me le rendre. (*Il sourit péniblement.*) Toi! ah! ah! (*Il la regarde gravement.*) Cependant c'était bien à toi de le faire. (*Avec violence.*) Pourquoi ne me tutoies-tu pas, Régine? Pourquoi ne m'appelles-tu pas Oswald?

RÉGINE, bas.

Je ne crois pas que cela plaise à madame.

MADAME ALVING

Sous peu, tu en auras le droit. Maintenant viens te mettre à côté de nous, toi aussi.

RÉGINE s'assied en silence et avec quelque hésitation de l'autre côté de la table.

MADAME ALVING

A présent, pauvre enfant torturé, je veux enlever le poids qui pèse sur ton esprit.

OSWALD

Toi, mère?

MADAME ALVING

Oui : tout ce que tu appelles regrets, remords, repentir...

OSWALD

Et tu crois le pouvoir?

MADAME ALVING

Oui, Oswald, j'en suis sûre. Tout à l'heure, lorsque tu as parlé de la joie de vivre, tout s'est éclairé pour moi. Ma vie entière m'est apparue sous un jour nouveau.

OSWALD, secouant la tête.

Je ne comprends pas.

MADAME ALVING

Ah! si tu avais connu ton père alors qu'il n'était encore qu'un tout jeune lieutenant. La joie de vivre! Il semblait la personnifier...

OSWALD

Oui, je sais.

MADAME ALVING

Rien qu'à le voir, il répandait un air de fête autour de lui. Et puis cette force indomptable, cette plénitude de vie qu'il y avait en lui.

OSWALD

Eh bien?

MADAME ALVING

Et voilà ce joyeux enfant, — car c'était un vrai enfant à cette époque, — le voilà réduit à vivre là, dans cette demi-grande ville qui n'avait aucune joie à lui offrir, rien que des plaisirs. Au lieu d'un but d'existence, il n'avait qu'un emploi. Au lieu d'un travail où tout son esprit pût s'exercer, des affaires. Et pas un camarade capable de sentir ce que c'est que la joie de vivre : rien que des compagnons d'oisiveté et d'orgie.

OSWALD

Mère.

MADAME ALVING

Il arriva ce qui devait arriver.

OSWALD

Et que devait-il arriver?

MADAME ALVING

Tu le disais toi-même il y a un instant, en annonçant ce qu'il adviendrait de toi si tu restais à la maison.

OSWALD

Veux-tu dire par là que mon père?...

MADAME ALVING

Ton pauvre père n'a jamais trouvé de dérivatif à cette joie de vivre qui débordait en lui. Moi non plus, je n'apportais pas de sérénité à son foyer.

OSWALD

Toi non plus?

MADAME ALVING

J'avais reçu quelques enseignements où il ne s'agissait que de devoirs et d'autres choses de ce genre, et longtemps j'ai vécu là-dessus. Toute l'existence se résumait en devoirs, — mes devoirs, ses devoirs, etc. — Je crains d'avoir rendu la maison insupportable à ton pauvre père, Oswald.

OSWALD

Pourquoi ne m'as-tu jamais parlé de cela dans tes lettres?

MADAME ALVING

Jamais, avant ce jour, je n'ai cru possible de tout t'avouer, à toi, son fils.

OSWALD

Et aujourd'hui tu as compris?...

MADAME ALVING, lentement.

Je n'ai vu qu'une chose : c'est que ton père était un homme fini avant ta naissance.

OSWALD, d'une voix sourde.

Ah!...

Il se lève et s'approche de la fenêtre.

MADAME ALVING

Il y avait encore une chose qui me préoccupait sans cesse, c'est que Régine appartenait à cette maison... au même titre que mon propre enfant.

OSWALD, se retournant vivement.

Régine!...

RÉGINE, tressaillant et d'une voix contenue.

Moi!...

MADAME ALVING

Maintenant, vous savez tout l'un et l'autre.

OSWALD

Régine!

RÉGINE, se parlant à soi-même.

Ainsi ma mère était une...

MADAME ALVING

Ta mère avait beaucoup de bonnes qualités, Régine.

RÉGINE

Oui, mais c'en était une quand même. Oh! je l'ai bien pensé quelquefois; mais... Oui, madame, voilà! Me permettez-vous de partir sur-le-champ?

MADAME ALVING

Vraiment, Régine, tu voudrais partir?

RÉGINE

Je le veux.

MADAME ALVING

Tu es libre, naturellement, mais...

OSWALD, s'avançant vers Régine.

Tu veux partir maintenant que tu es ici chez toi.

RÉGINE

Merci monsieur Alving... c'est vrai, à présent je puis dire Oswald; mais ce n'est pas précisément de la façon que j'avais pensé.

MADAME ALVING

Régine, je n'ai pas été franche avec toi.

RÉGINE

Mais non, on aurait tort de le croire! Si j'avais su qu'Oswald était malade... et qu'il ne pouvait rien y avoir de sérieux entre nous... Non, je ne puis pas rester ici à m'user au profit de gens malades.

OSWALD

Quoi? pas même pour un homme qui te touche de si près?

RÉGINE

Non, je ne le peux pas. Une fille pauvre, ça doit employer sa jeunesse. Autrement ça pourrait se trouver sans feu ni lieu quelque jour. Et moi aussi, madame, j'en possède, de la joie de vivre.

MADAME ALVING

Hélas, oui! Mais ne va pas te perdre, Régine!

RÉGINE

Bast! Si je me perds c'est qu'il n'y a rien à faire. Si Oswald ressemble à son père, je dois ressembler à ma mère, j'imagine... Puis-je demander à madame si le pasteur Manders est informé de ce qui me concerne?

MADAME ALVING

Le pasteur Manders sait tout.

RÉGINE, s'enveloppant de son châle.

En ce cas, je dois me hâter, pour prendre le bateau. C'est si facile de s'entendre avec le pasteur, et il me semble que j'ai tout autant de droit sur l'argent que lui... ce boiteux de menuisier.

MADAME ALVING

Puisses-tu être heureuse, Régine.

RÉGINE, la regardant froidement.

Madame aurait pu m'élever comme la fille d'un homme de condition; cela aurait été plus convenable. (*Avec un mouvement d'épaules.*) Ah! bah!... je m'en fiche! (*Regardant de côté, avec amertume, la bouteille fermée.*) Je pourrais, pardieu, boire du champagne avec des gens de condition, tout de même.

MADAME ALVING

Si jamais tu as besoin d'un foyer, Régine, viens chez moi.

RÉGINE

Non, je vous remercie, madame. Le pasteur Manders me prendra à sa charge. Et si cela devait mal finir, je sais une maison où je serai chez moi.

MADAME ALVING

Où cela?

RÉGINE

Dans l'asile du chambellan Alving.

MADAME ALVING

Régine, je le vois bien, tu cours à ta perte...

RÉGINE

Bah! Adieu.

Elle salue et sort par la porte du vestibule.

OSWALD, regardant par la fenêtre.

Elle est partie?

MADAME ALVING

Oui.

OSWALD, entre les dents.

Tant pis!

MADAME ALVING, derrière lui et lui mettant les mains sur les épaules.

Oswald, mon cher garçon, cela t'a fortement remué?

OSWALD, tournant la tête vers elle.

Tout ce que tu m'as dit de père?

MADAME ALVING

Oui, de ton malheureux père. J'ai si peur que l'impression n'ait été trop forte pour toi.

OSWALD

Qu'est-ce qui te le fait croire? Naturellement j'en ai été extrêmement surpris, mais, au fond, cela m'est égal.

MADAME ALVING, retirant les mains.

Egal? Que ton père ait été si profondément malheureux?

OSWALD

Je puis éprouver de la compassion pour lui comme pour tout autre, mais...

MADAME ALVING

Rien de plus? Pour ton propre père!

OSWALD, avec impatience.

Mon père... mon père. Je n'ai jamais rien connu de mon père. Je n'ai pas de souvenir de lui, si ce n'est qu'une fois il m'a fait vomir!

MADAME ALVING

C'est affreux, quand on y pense! Un enfant ne doit-il pas de l'amour à son père, malgré tout?

OSWALD

Quand ce père n'a aucun titre à sa reconnaissance? Quand l'enfant ne l'a jamais connu? Et toi, si éclairée sur tout autre point, tu croirais vraiment à ce vieux préjugé?

MADAME ALVING

Ce ne serait donc qu'un préjugé...?

OSWALD

Oui, tu peux en convenir, mère. C'est une de ces idées courantes que le monde admet sans contrôle et...

MADAME ALVING, saisie.

Des revenants!

OSWALD, traversant la scène.

Oui, tu peux les nommer ainsi!

MADAME ALVING, avec éclat.

Oswald...! Alors, moi non plus, tu ne m'aimes pas?

OSWALD

Toi, dans tous les cas, je te connais.

MADAME ALVING

Tu me connais : mais... est-ce là tout?

OSWALD

Et je sais combien tu m'aimes : il faut bien que je t'en sois reconnaissant. Et puis, tu peux m'être d'une si immense utilité, maintenant que je suis malade.

MADAME ALVING

N'est-ce pas, Oswald? Oh! je suis prête à bénir ta maladie qui t'a ramené près de moi. Car, je le vois bien, je ne te possède pas; il faut que je te conquière.

OSWALD, avec impatience.

Oui, oui, oui, tout cela, ce sont des façons de parler. Il faut te rappeler, mère, que je suis un homme malade. Je ne puis pas m'occuper d'autrui; j'ai assez de penser à moi-même.

MADAME ALVING, doucement.

Je saurai être patiente.

OSWALD

Et gaie, mère!

MADAME ALVING

Oui, mon cher garçon, tu as raison. Ai-je réussi enfin à t'enlever tout ce qui te rongeait, remords et reproches?

OSWALD

Oui, tu as réussi. Mais, à présent, qui me débarrassera de l'angoisse?

MADAME ALVING

De l'angoisse?

OSWALD, traversant la scène.

Régine l'aurait fait par une bonne parole.

MADAME ALVING

Pourquoi parles-tu d'angoisse et de Régine?

OSWALD

Est-on bien avant dans la nuit, mère?

MADAME ALVING

Le jour va poindre. (*Elle regarde par une fenêtre du jardin d'hiver.*) Voici l'aube qui rougit les sommets. Et le temps sera beau, Oswald, dans un instant, tu pourras voir le soleil.

OSWALD

Je m'en réjouis. Il y a tant de choses qui peuvent me réjouir et m'inviter à vivre...

MADAME ALVING

Je le crois bien!

OSWALD

Même si je ne puis pas travailler...

MADAME ALVING

Oh! tu pourras bientôt te remettre au travail, mon cher garçon, puisque tu n'as plus ces pensées déprimantes qui te rongeaient et que tu ruminais sans cesse.

OSWALD

C'est bien heureux que tu aies dissipé toutes ces imaginations. Et maintenant que j'ai pu franchir ce pas... (*S'asseyant sur le divan.*) nous allons causer, mère.

MADAME ALVING

Oui, c'est ça.

Elle approche un fauteuil du divan et s'assied tout près de lui.

OSWALD

Et puis le soleil se lève, et puis tu sais tout, et puis voilà l'angoisse passée.

MADAME ALVING

Je sais tout? Que veux-tu dire?

OSWALD, sans l'écouter.

Mère, n'as-tu pas dit ce soir qu'il n'y a rien au monde que tu ne fisses pour moi, si je t'en priais?

MADAME ALVING

Oui, c'est vrai.

OSWALD

Et tu le dis encore, mère?

MADAME ALVING

Tu peux y compter, mon cher, mon unique enfant. Est-ce que je vis pour autre chose que pour toi?

OSWALD

Oui, oui. Alors, écoute-moi. Mère, tu as l'âme forte, je le sais. Eh bien, il faut que tu te tiennes bien tranquille et que tu m'écoutes sans m'interrompre...

MADAME ALVING

Mais qu'y a-t-il donc de si terrible?...

OSWALD

Tu ne dois pas te récrier, entends-tu; tu me le promets? Nous allons en causer très doucement, assis l'un près de l'autre; tu me le promets, mère?

MADAME ALVING

Oui, oui, je te le promets. Parle seulement!

OSWALD

Bien. Alors, il faut que tu saches que cette fatigue... et puis cet état où la pensée du travail m'est insupportable, tout cela n'est pas la maladie même.

MADAME ALVING

Et cette maladie?...

OSWALD

Cette maladie qui m'est échue en héritage, elle est... (*il pose le doigt sur son front et ajoute tout bas*) elle est là-dedans.

MADAME ALVING, la voix étranglée.

Oswald!... Non... non!

OSWALD

Ne crie pas! Je ne peux pas le supporter. Oui, tu sais, elle est là qui guette. Elle peut éclater à n'importe quel moment.

MADAME ALVING

Ah! c'est épouvantable!...

OSWALD

Tiens-toi donc tranquille. Voilà où j'en suis...

MADAME ALVING, bondissant.

Tout cela est faux, Oswald! C'est impossible! Cela ne se peut pas!

OSWALD

J'ai eu un accès là-bas. Il a vite passé; mais quand j'ai su ce que c'était, je suis accouru ici près de toi, affolé, poursuivi par l'angoisse, aussi vite que j'ai pu.

MADAME ALVING

Voilà donc d'où vient l'angoisse!...

OSWALD

Oui; c'est une indicible horreur, vois-tu. Ah! s'il ne s'agissait que d'une maladie mortelle ordinaire! Car je n'ai pas tellement peur de mourir... et cependant j'aimerais vivre aussi longtemps que possible.

MADAME ALVING

Oui, oui, Oswald, et il en sera ainsi!

OSWALD

Mais il y a là quelque chose de si horrible. Retourner pour ainsi dire à l'état de petit enfant; avoir besoin d'être nourri, avoir besoin... Ah!... Il n'y a pas de paroles pour exprimer ce que je souffre!

MADAME ALVING

L'enfant a sa mère pour le soigner.

OSWALD, bondissant de sa place.

Non, jamais! C'est justement cela que je ne veux pas! Je n'y tiens pas, à l'idée de rester dans cet état des années peut-être... de vieillir, de grisonner ainsi. Et jusque-là tu pourrais peut-être mourir et me laisser seul. (*Il prend place sur la chaise de Mme Al-*

*ving.*) Car cela ne finit pas nécessairement par une mort immédiate, a dit le médecin... Il prétend que c'est le cerveau qui mollit... une sorte de mollesse dans le cerveau ou quelque chose d'approchant (*avec un pénible sourire*), il me semble que l'expression sonne bien. Je ne puis m'empêcher de penser à des draperies de velours de soie, d'un rouge cerise... quelque chose de délicat à caresser.

MADAME ALVING, criant.

Oswald!

OSWALD, se levant d'un bond et traversant la scène.

Et tu m'as enlevé Régine! Que n'est-elle ici! C'est elle qui serait accourue à mon secours.

MADAME ALVING, s'approchant de lui.

Que veux-tu dire, mon enfant chéri? Y a-t-il un secours que je ne sois pas prête à t'offrir?

OSWALD

Quand j'eus repris les sens, après mon accès de là-bas, le médecin me dit que, si cela se renouvelait, — et cela se renouvellera — il n'y aurait plus d'espoir.

MADAME ALVING

Et il a eu le cœur de te dire cela?

OSWALD

Je l'y ai forcé. Je lui ai dit que j'avais des dispositions à prendre... (*Avec un malin sourire.*) Et cela était vrai. (*Il tire une petite boîte de la poche intérieure de son veston.*) Mère, tu vois cela?

MADAME ALVING

Qu'est-ce que c'est?

OSWALD

De la morphine.

MADAME ALVING, le regardant avec épouvante.

Oswald, mon enfant?

OSWALD

J'ai réussi à en recueillir douze paquets.

MADAME ALVING, essayant de saisir la boîte.

Donne-moi cette boîte, Oswald!

OSWALD

Pas encore, mère.

Il remet la boîte dans sa poche.

MADAME ALVING

Je ne survivrai pas à ce coup.

OSWALD

On peut y survivre. Si j'avais Régine ici, je lui dirais ma résolution... et réclamerais d'elle ce dernier secours. Elle, j'en suis sûr, ne refuserait pas de me venir en aide.

MADAME ALVING

Jamais!

OSWALD

Si l'accès m'avait pris en sa présence et qu'elle m'eût étendu, plus faible qu'un petit enfant, impotent, misérable, sans espoir... sans salut possible...

MADAME ALVING

Jamais Régine n'aurait consenti...

OSWALD

Régine n'aurait pas hésité longtemps. Régine avait le cœur si adorablement léger. Et elle se serait bien vite lassée de soigner un malade comme moi.

MADAME ALVING

En ce cas, Dieu soit loué si Régine est partie.

OSWALD

Oui, mère, aussi est-ce à toi maintenant de me secourir.

MADAME ALVING, poussant un cri.

A moi?

OSWALD

Et à qui donc si ce n'est à toi!

MADAME ALVING

A moi, ta mère!

OSWALD

Précisément.

MADAME ALVING

A moi qui t'ai donné la vie!

OSWALD

Je ne te l'ai pas demandée. Et quelle sorte de vie m'as-tu donnée? Je n'en veux pas! Reprends-la!

MADAME ALVING

Au secours! Au secours!

Elle s'enfuit dans le vestibule.

OSWALD, courant après elle.

Ne me quitte pas! Où vas-tu?

MADAME ALVING, dans le vestibule.

Chercher le médecin, Oswald. Laisse-moi sortir!

OSWALD, la rejoignant.

Tu ne sortiras pas et personne n'entrera ici.

Il tourne la clef.

MADAME ALVING, rentrant.

Oswald, Oswald... mon enfant!

OSWALD, la suivant.

Est-ce un cœur de mère que tu as... toi qui peux me voir souffrir cette angoisse sans nom?

MADAME ALVING, après un instant de silence, d'une voix contenue.

Voici ma main.

OSWALD

Tu veux bien?...

MADAME ALVING

Si cela devient nécessaire. Mais non, cela n'arrivera pas. C'est à jamais, à jamais impossible!

OSWALD

Espérons-le. Et vivons ensemble tant que nous pourrons. Merci, mère.

Il s'assied dans le fauteuil que Mme Alving a rapproché du divan. Le jour paraît; la lampe continue à brûler sur la table.

MADAME ALVING, s'approchant doucement.

Te sens-tu calme maintenant?

OSWALD

Oui.

MADAME ALVING, penchée sur lui.

Ce n'était qu'un terrible jeu de ton imagination, rien que de l'imagination. Toutes ces secousses t'ont ébranlé. Maintenant il faut que tu te reposes, ici, chez ta mère, ô mon enfant chéri! Tout ce que tu désireras, tu l'auras comme au temps où tu étais tout petit... Tu vois : l'accès est fini. Ah! je le savais bien... Et tu vois, Oswald, la belle journée que nous avons, — toute brillante de soleil. Tu vas pouvoir te reconnaître ici, chez toi.

Elle s'approche de la table et éteint la lampe. Le soleil se lève. Au fond du paysage, les montagnes et la plaine resplendissent des rayons du matin.

OSWALD. Immobile dans son fauteuil, il tourne le dos au fond de la scène; soudain, il prononce ces paroles.

Mère, donne-moi le soleil.

MADAME ALVING, près de la table, le regardant, effrayée.

Que dis-tu?

OSWALD, répétant d'une voix sourde et atone.

Le soleil... le soleil!...

MADAME ALVING, s'approchant de lui.

Oswald, qu'as-tu?

OSWALD semble s'affaisser dans le fauteuil; tous ses muscles se détendent; le visage est sans expression; les yeux regardent, éteints, devant eux.

MADAME ALVING, tremblante de frayeur.

Qu'est-ce que c'est que cela? (*Criant.*) Oswald, qu'as-tu? (*Elle se jette à genoux devant lui et le secoue.*) Oswald! Oswald! Regarde-moi! Ne me reconnais-tu pas?

OSWALD, avec la même voix atone.

Le soleil!... le soleil!...

MADAME ALVING, se levant d'un bond, désespérée, les deux mains dans la chevelure, et criant.

Je n'y tiens plus! (*A voix basse, toute raidie.*) Je n'y tiens plus!... Jamais! (*Subitement.*) Mais où sont-elles? (*Elle cherche rapidement dans la poche d'Oswald.*) Là! (*Elle recule de quelques pas et s'écrie.*) Non, non, non!... Oui!... Non, non!

Les mains crispées dans sa chevelure, elle se tient à quelques pas de son fils et le fixe avec une muette épouvante.

OSWALD, toujours immobile dans son fauteuil.

Le soleil... le soleil...